Hans Joachim Schliep

**Ein unglaublicher Glaube**

Hans Joachim Schliep

# Ein unglaublicher Glaube

## Kronsberger Predigten 3

Fromm Verlag

**Impressum / Imprint**
Bibliografische Information der Deutschen Nationalbibliothek: Die Deutsche
Nationalbibliothek verzeichnet diese Publikation in der Deutschen Nationalbibliografie;
detaillierte bibliografische Daten sind im Internet über http://dnb.d-nb.de abrufbar.
Alle in diesem Buch genannten Marken und Produktnamen unterliegen warenzeichen-,
marken- oder patentrechtlichem Schutz bzw. sind Warenzeichen oder eingetragene
Warenzeichen der jeweiligen Inhaber. Die Wiedergabe von Marken, Produktnamen,
Gebrauchsnamen, Handelsnamen, Warenbezeichnungen u.s.w. in diesem Werk berechtigt
auch ohne besondere Kennzeichnung nicht zu der Annahme, dass solche Namen im Sinne
der Warenzeichen- und Markenschutzgesetzgebung als frei zu betrachten wären und
daher von jedermann benutzt werden dürften.

Bibliographic information published by the Deutsche Nationalbibliothek: The Deutsche
Nationalbibliothek lists this publication in the Deutsche Nationalbibliografie; detailed
bibliographic data are available in the Internet at http://dnb.d-nb.de.
Any brand names and product names mentioned in this book are subject to trademark,
brand or patent protection and are trademarks or registered trademarks of their respective
holders. The use of brand names, product names, common names, trade names, product
descriptions etc. even without a particular marking in this works is in no way to be
construed to mean that such names may be regarded as unrestricted in respect of
trademark and brand protection legislation and could thus be used by anyone.

Coverbild / Cover image: www.ingimage.com

Verlag / Publisher:
Fromm Verlag
ist ein Imprint der / is a trademark of
OmniScriptum GmbH & Co. KG
Heinrich-Böcking-Str. 6-8, 66121 Saarbrücken, Deutschland / Germany
Email: info@frommverlag.de

Herstellung: siehe letzte Seite /
Printed at: see last page
**ISBN: 978-3-8416-0534-4**

Copyright © 2014 OmniScriptum GmbH & Co. KG
Alle Rechte vorbehalten. / All rights reserved. Saarbrücken 2014

| | Seite |
|---|---|
| INHALTSVERZEICHNIS | |
| | |
| EIN UNGLAUBLICHER GLAUBE - | |
| EINFÜHRUNG UND WIDMUNG | 3 |
| | |
| [1] *Warum beginnt die Bibel mit »b«?* | |
| 1. Mose 1,1 - 6. Juli 2014 | 4 |
| | |
| [2] *Wisst ihr noch, wie es geschehen?* | |
| Jesaja 49,13-16 - 29. Dezember 2013 | 7 |
| | |
| [3] *›Nichts‹ passt in kein ›Nichtsein‹* | |
| Jesaja 54,7-10 - 30. März 2014 | 13 |
| | |
| [4] *›Frieden fängt beim Frühstück an‹* | |
| Lukas 24,36-49a - 25. April 2011 | 18 |
| | |
| [5] *Kehrtwende* | |
| Apostelgeschichte 9,1-20 - 29. August 2004 | 26 |
| | |
| [6] *›Ich bin so knallvergnügt erwacht‹* | |
| Kolosser 2,12-15 (in Auswahl) - 15. April 2012 | 29 |
| | |
| [7] *›Verdammter Hahn‹* | |
| Johannes 21,15-19 - 14. April 2013 | 35 |
| | |
| [8] *›Dieses Kind ist mir ins Herz gesprungen‹* | |
| Römer 11,29 - 24. August 2014 | 40 |
| | |
| [9] *Was hoffen wir, wenn wir hoffen?* | |
| Offenbarung des Johannes 5,1-14 - 10. November 2013 | 44 |
| | |
| [10] *Das Opfer des Abraham* | |
| 1. Mose 22,1-19 - 5./12. Dezember 2013 | 50 |
| (Vortrag in einem Philosophischen Seminar der Leibniz-Universität Hannover) | |

Ein unglaublicher Glaube - Einführung und Widmung

Der Band KRONSBERGER PREDIGTEN 3 enthält neun Predigten und einen philoscphisch-theologischen Vortrag zum „Opfer Abrahams". Wer sich heranwagt an 1. Mose 22, begegnet einem UNGLAUBLICHEN GLAUBEN. Allemal gilt das für Predigten in der Osterzeit und zur christlichen Hoffnung, den Schwerpunkten dieses Bandes.

Der biblische Glaube ist „unglaublich", weil er alle gewohnten Wahrnehmungs- und Deutungsmuster sprengt. Er ist keine Metaphysik des »da drüben« und »da draußen«, die religiöse Aussagen als Objekte naturwissenschaftlicher Weltdeutung missversteht. Statt ein abstraktes himmlisches Jenseits zu konstruieren, sind in diesem UNGLAUBLICHEN GLAUBEN Welt und Leben über bloß Vorfindliches hinaus transzendiert in dem Wort GOTT als NAMEN. Im Namen GOTT ist die unendlich komplexe, differenzierte und kreative Wirklichkeit von Welt und Leben ausgedrückt - im Sinne ihres Verdanktseins (Nicht-Reziprozität) als Grund und Grenze menschlicher Lebensgestaltungskräfte (Reziprozität). Dabei enthalten Bibeltexte wie 1. Mose 22, Prediger oder Hiob[1] eine tiefergehende Aufklärung und Religionskritik, als erkenntnistheoretisch uninformierte „Krawallatheisten" wie Richard Dawkins wahrhaben wollen. Ein so UNGLAUBLICHER GLAUBE enthält ein Wissen, das die Bruchlinien der Erfahrung im Gelingen und Misslingen, im Begehren und Versagen, in Lust und Schmerz sichtbar und dem methodisch geleiteten Verstehen „zugänglich" macht, gerade weil ihnen religiöse Sprache einen einzigartigen symbolischen Ausdruck verleiht, nicht zuletzt in der paradoxen und skandalösen Rede vom ›Gekreuzigten Gott‹.

Da es um das Ungeschuldete, Unaufrechenbare, Unabgeltbare geht, kann ich dieses Buch nur einer Person widmen: meiner Frau *Gabriele* (geb. Zmarzly)! Durch ihre Nähe vermag ich, was UNGLAUBLICHER GLAUBE auch bedeutet: die Unbegreiflichkeit Gottes ein Leben lang auszuhalten.

Die Predigten sind abgedruckt in der Langfassung, wie ich sie als Entwurf mit auf die Kanzel nehme. Die Schreibweise ist gelegentlich unterschiedlich. Die Zählung der Fußnoten erfolgt fortlaufend. Da ich seit 2010 ›Pastor emeritus‹ bin, wurden nur einige dieser Predigten im Ev. Kirchenzentrum Kronsberg Hannover (siehe den entsprechenden Wikipedia-Artikel) gehalten. Aber die auf eindrücklichen Erfahrungen beruhenden Einsichten, die mir im Zuge der Gemeindebildung in diesem Neubaugebiet zur EXPO 2000 zuteil wurden, prägen fortan meine Tätigkeit als Ruheständler.

Hannover, 5.10.2014 (Erntedankfest) *Hans Joachim Schliep*

---

[1] Siehe Hans Joachim Schliep: Gläubiger Realismus, Saarbrücken 2012, S. 73-90.

[1]
"Warum beginnt die Bibel mit »b«?" - Predigt zu 1. Mose 1,1
Ev.-luth. Kreuzkirche Bremerhaven
6. Juli 2014 - Dritter Sonntag nach Trinitatis

Liebe Gemeinde!

In evangelischer Freiheit weiche ich heute von der Ordnung der Predigttexte ab und stelle eine bestimmte Frage:[2] WARUM BEGINNT DIE BIBEL MIT EINEM »b«? Nicht das Wort »Bibel« selbst, sondern das erste Wort! Luther lässt ja die beiden ersten Wörter der Bibel mit dem »a«, dem ersten Buchstaben des deutschen Alphabets beginnen: *Am Anfang schuf Gott Himmel und Erde...*. Doch im Hebräischen beginnt die Bibel mit einem »b«, dem Buchstaben »Bet(h)«. Der erste Satz in 1. Mose 1 Vers 1 lautet nämlich hebräisch: *bereschit barah ʼälohim ʼet ha-schamajim we ét haʼaräs....*

Das »Bet« sieht so aus, wie ich es hier aufgemalt habe: ב ▷ Das ist also der schöne Buchstabe »b« - als »Bet« nach dem »Alef« der zweite Buchstabe im hebräischen »Alefbet«.

Doch bevor ich dazu eine Geschichte aus der jüdischen Auslegungstradition erzähle, eine weitere Frage: *Bereschit* - heißt das denn überhaupt: *Am Anfang*? Genauer müssten wir *im* übersetzen: *Im Anfang....* Oder: *Indem ein Beginnen geschieht....* Dann wäre die Rede vom „Geschehen eines Anfangs...". In der Tat ist gar kein zeitlich oder räumlich messbarer Ausgangspunkt gemeint, sondern der Grund von und in allem: »Schöpfung« als Energie, Dynamik, in der eine kreative Kraft wirkt, die allem zu Grunde liegt. Die wirkt in dem umfassenden und unfasslichen Beziehungsnetz, sodass aus Chaos Kosmos wird. Das heißt *schaffen*: Aus Chaos wird Kosmos, aus Ungeordnetem Ordnung, aus Getöse wunderbare Töne in der Musik, aus Buchstabengewirr entzifferbare Worte, aus Farbengemisch ein erkennbares Bild...

Dann ist die Frage nach einem zeitlichen und räumlichen Anfang von Welt - Was kam davor und danach? - zwar interessant, aber für unser Lebensverständnis unbedeutend. Anfang ist doch immer schon da! Was wir »Schöpfung Gottes« nennen ist Anfänglichkeit pur, die uns als das Anfangen in allen Anfängen begegnet, eben als der Grund. Wir Menschen - das finde ich wunderbar - haben an dieser Anfänglichkeit,

---

[2] In etwas anderer, nicht mehr rekonstruierbarer Form wurde diese Predigt Anfang der 2000er Jahre im Ev. Kirchenzentrum Kronsberg gehalten (Abendkirche). Die Anregung zu dieser Art Auslegung verdanke ich Jürgen Ebach: Die Bibel beginnt mit „b", in ders.: Gott im Wort, Neukirchen-Vluyn 1997, S. 85-114. Von der Kanzel habe ich ein großes Schild mit dem ב gezeigt.

dieser Kreativität teil, weil wir, die wir »Schöpfung« sind, »Schöpfung« mitgestalten. In diesem Sinn ist »Schöpfung« nichts Vorzeitlich-Einmaliges, sondern ereignet sich fortwirkend und fortwährend.

Was ist also gemeint mit »Schöpfung Gottes«? Wir sind geboren und auf vielfältige Weise - als Eltern, als Lehrende, als Gemeinschaft von Glaubenden - an der Lebensweitergabe beteiligt. So haben wir teil an der Anfänglichkeit auf dem Grund von Welt und Leben, ohne selbst dieser Grund zu sein. Gerade wenn etwas durch uns geschieht, ist schon etwas an uns und für uns geschehen. In diesem Sinn - und in keinem anderen, etwa physikalischen, etwa als leerer Raum - spricht die christliche Tradition von »Schöpfung aus dem Nichts« (creatio ex nihilo): Nicht weil vorher nichts war, sondern weil nicht wir es waren, denen sich alles verdankt! Welt und Leben sind uns gratis gegeben, ungeschuldet! Das ist »Schöpfung aus dem Nichts«! Dieses Nichts ist »Gott«, sagt im 15. Jahrhundert Nikolaus von Kues (Mosel). Denn »Gott« ist der NAME für die dynamische Kraft, die das Chaos bannt und dem Leben Zeit und Raum schafft.

Diesen NAMEN vernimmt Mose im brennenden, aber nicht verbrennenden Dornbusch: *Ich bin, der ich bin. Ich war, der ich war. Ich werde sein, der ich sein werde.* (Ex 3,14) Daraus leitet sich der Eigenname JHWH ab. Er steht für das Sein selbst. Die Hebräische Bibel kennt keine Geburts- und Entstehungsgeschichte Gottes, wie sie in anderen Religionen phantasiereich erzählt wird. »Gott« ist der NAME für das Werden selbst, für die Anfänglichkeit überhaupt. So sind Welt und Leben in »Gott« und »Gott« in Welt und Leben. Nur ein NAME kann diese Beziehungen ausdrücken: das Du und das Ich, die Nähe und die Ferne, das Jenseitige und das Diesseitige, das Persönliche und das Überpersönliche, das Weibliche und das Männliche. Einheit, die mehr ist als jede Zweiheit! In diesem Sinn ist »Gott« das Ur- und Grundwort unserer Sprache: der NAME für das Woher, Wozu, Wohin von Welt und Leben und darin meines empfangenen und mitwirkenden Daseins (nach F. D. E. Schleiermacher).

Und das soll alles mit dem kleinen »Bet« zu tun haben? „Ja", sagen die Rabbinen in einer alten jüdischen Geschichte, „sieh dir das »Bet« doch einmal genauer an." Es ist nach rechts hin geschlossen: Der raum-zeitliche Anfang selbst ist uns unzugänglich, er liegt uns voraus. Aber wir erleben das Anfängliche in den Anfängen, aus denen Welt und Leben bestehen. Darum ist das »Bet« nach links hin geöffnet, in hebräischer Schreib- und Leserichtung, die von rechts nach links geht: Es fordert zum Weiter-Lesen auf und sperrt sich gegen Vermutungen, was davor gewesen sein könnte. Dagegen ist das »Bet« nach links offen zur Zukunft hin. Mit ihm beginnen die Worte für *schaffen / bara* und *Segen / beraka*. Die »Schöpfung«, als Lebensgrundlage uns vorgegeben, liegt uns zugleich voraus und vor uns.

Um eine „Urknall"-Theorie mit der Spekulation, was oder wer vor dem „Big Bang" war, geht es gerade nicht. Übrigens soll Luther auf die Frage: „Was hat Gott vor der »Schöpfung« gemacht?" geantwortet haben: „Er hat Ruten geschnitzt für Leute, die unnütze Fragen stellen!" Da hat Luther ja auch wissenschaftlich recht: Wir können immer nur im Rahmen des Systems forschen und denken. Wir blicken niemals von außerhalb auf Welt und Leben. Unsere Perspektive ist stets nur die Weltinnenperspektive. Wir stehen immer diesseits, niemals jenseits des Horizonts. Umso mehr dürfen wir uns freuen, den NAMEN ÜBER ALLE NAMEN aussprechen und anbeten zu können. Alles, was über diese „innere Transzendenz" hinaus über »Gott« gedacht oder gesagt wird, macht »Gott« zu einem welthaften Ding.

Darum passt zur biblischen Rede von »Schöpfung« die Multiversum- oder die String-Theorie genauso wie jede andere Theorie, die Evolutionstheorie allemal. Bei »Schöpfung« geht es statt um das Entstehen um das Verstehen von Welt und Leben! Deshalb unterlasse ich es, »Schöpfung« mit irgendeiner Weltentstehungstheorie zu verknüpfen. Mein Glaube soll ja länger halten, als eine kosmologische Theorie für richtig gehalten werden kann.

*Bet(h)* heißt auch *Haus*. Ein bisschen sieht das »Beth« ja auch so aus. Im „Haus der Schöpfung" ist Leben, also Zukunft. Um das auszudrücken, wurde das Schöpfungslied 1. Mose 1 in der babylonischen Gefangenschaft den Mosebüchern vorgeschaltet. Nicht um eine Erklärung für den Weltbeginn zu geben, sondern um das Ende der Gefangenschaft, das Ende von Gewalt und Bedrückung und den Anfang von Freiheit anzukündigen. Die Gliederung in sieben Tage soll ausdrücken: Die Welt, die kein Mensch im Ganzen überblicken kann, ist insgesamt lebensdienlich, lesbar und lebbar. Mit Zeitberechnungen hat das rein gar nichts zu tun!

Die Schöpfungsgeschichte, die wir oft nur als kosmologische Anfangsgeschichte lesen, will als Hoffnungsgeschichte gelesen werden: Alles Lebendige ist gesegnet und gibt Leben weiter. Im „Haus der Schöpfung" soll und kann sie ein Zuhause finden - die Menschheit, die sich immer wieder ihrer Mitwelt und sich selbst entfremdet. Im Lied der Schöpfung spielt sie sich darauf ein, Freiheit und Heimat zu gewinnen. „Die wirkliche Genesis ist nicht am Anfang, sondern am Ende." (Ernst Bloch) Heimat ist mein Wohin statt Woher! *Denn wir haben hier keine bleibende Stadt, sondern die zukünftige suchen wir.* (Hebräer 13,14) Und in Wahrheit verstehen wir uns von dem her, was wir suchen und erhoffen.

Diese wichtige Stellung des »Beth« unter den 22 hebräischen Buchstaben hat die anderen Buchstaben „gewurmt". Sie haben sich vor dem Ewigen postiert und protestiert: „Die Schöpfung soll mit mir beginnen: Mit mir, dem Dalet! Mit mir, dem Gimel! Mit mir, dem Chet! Mit mir, dem Zade!" Jeder Buchstabe erhob seinen Anspruch. Aber Adonaj, der Ewige, bleibt dabei: Das »Bet« ist der erste Buchstabe der Bibel. Weil eben Welt und Leben nicht mit sich selbst anfangen. Das »Bet« ist auch mit der Rolle zufrieden, nicht der Anführer der Buchstaben, sondern der zweite Buchstabe mit dem Zahlenwert „zwei" zu sein. Nur das »Alef« ist abgrundtief traurig. Doch Adonaj, die Ewige, tröstet es: „Du bist zwar nur ein Hauch und hast nur den Zahlenwert ‚eins', alle anderen Buchstaben zählen mehr. Doch als EINS stehst du für das EINE, EINZIGE: für mich. Mit dir beginnen die Zehn Gebote (5. Mose 5,6): `anoki ADONAJ [JHWH...] - ICH bin ADONAJ, bin dein Gott, der ich dich aus dem Lande Ägypten, aus dem Sklavenhaus herausgeführt habe.... So hat das »Alef« einen würdigen Platz am Beginn der heiligen und heilsamen Lebensweisung, dem Herzstück jüdischen Glaubens.

Warum beginnt die Bibel mit »b«? Diese Frage ist mir wichtig. Denn ich kann nicht glauben gegen mein Wissen. Und darf es nicht. Der Glaube ist ein Freund, kein Feind der Vernunft. Ohne Wissenschaft wird aus Glauben Spinnerei - und Schlimmeres, „dumm Tüch", „Tüddelkram", wie alte Bremerhavener sagen. Darum gehört für mich zum Christsein der Dialog mit denen, die den Glauben im Namen modernen Wissens bestreiten. Sie fordern mich heraus, meinen Glauben nicht nur, aber auch als Denken und Verstehen zu leben. Dazu hilft mir dieses kleine »Bet«:

▷ Zunächst: Mir wird das biblische Verständnis von Schöpfung klarer: die unaufhörliche Anfänglichkeit im Werden und Vergehen. Lassen wir das Statische unseres von der griechischen Philosophie bestimmten Weltverständnisses hinter uns! Verlassen wir damit einhergehende schiefe Denkwege! Jedenfalls bedeutet die Frage, ob die Welt Anfang und Ende hat oder ohne Anfang und Ende ist, im Blick auf die Gottesfrage gar nichts. Unabhängig von etwelchen physikalischen Modellen ist »Gott« stets der NAME für die Kraft in, mit, unter und hinter allem, was ist und wird. Dann kommt »Gott« nicht erst als Lückenbüßer ins Spiel, wo sich Wissenslöcher auftun, sondern ist da in Wissen und Erkenntnis, ebenso in religiöser Erfahrung und künstlerischer Wahrnehmung.

▷ Sodann: Fortwirkend, zur Zukunft hin offen birgt »Schöpfung« noch viele Möglichkeiten. Sie ist ungeschuldetes, verdanktes Anfangen in allen Anfängen. Das bedeutet: Welt und Leben sind GRATIS - wie GRATIA: GNADE. Wie ich in Jesus Christus die Gnade Gottes erfahre. Deshalb wird im Kolosserbrief Christus als Mittler und Mitte der

»Schöpfung« bezeichnet, in dem *alles geschaffen ist, was im Himmel und auf Erden ist, das Sichtbare und das Unsichtbare* (Kolosser 1,16). Deshalb gehören zum Mahl der Vergebung und Versöhnung die Schöpfungsgaben Brot und Wein. Verbunden mit dem Gnadenwort stehen ja gerade sie für den neuen Anfang, den Jesus Christus mit mir macht. Diese Anfänglichkeit steht für mich in der Mitte meines Glaubens. Sie weist mich hinaus über meine Lebenszeit: Selbst wenn etwas, wenn es mit mir, wenn es mit dir zu Ende geht, wird wieder ein Anfang sein! Darauf lasst uns hoffen! Um dann zu schauen, was wir jetzt schon glauben dürfen! Wir haben noch ganz viel vor uns! Ganz viel Anfang! Amen.

[2]
„Wisst ihr noch, wie es geschehen?" - Predigt zu Jesaja 49,13-16
Ev.-luth. St. Johanniskirche Hannover-Bemerode
29. Dezember 2013 - Erster Sonntag nach dem Christfest[3]

Liebe Gemeinde!

„Wisst ihr noch, wie es geschehen...?" Mit diesem neueren Weihnachtslied haben wir den Gottesdienst begonnen. „Wisst ihr noch, wie es geschehen...?" Ja, wir wissen es noch. Deshalb sind wir ja hier. Gerne nehmen wir das Geschenk dieses 1. Sonntags nach dem Christfest an. In Ruhe erinnern wir uns an das große Fest der Christgeburt im Stall von Bethlehem. Maria und Josef, Engel und Hirten: *Ihr werdet finden das Kind in Windeln gewickelt und in einer Krippe liegen.* (Lukas 2,12) Selbst wer im Weihnachtstrubel vergeblich nach ihm gesucht hat, findet es heute, hier und jetzt! Die wahre Weihnacht braucht Zeit. Sonst verkommt sie ganz zur Ware Weihnacht.

Nun, jetzt sind die Geschenke verteilt und ausgepackt. Die Gäste sind längst zu Hause. Auch wir haben unsere Besuche gemacht. Oder machen sie heute Nachmittag. Am Nachmittag dieses Sonntags ›zwischen den Jahren‹. Da scheint das Weihnachts-

---

[3] Ein Entwurf dieser Predigt erschien auch unter www.predigten.evangelisch.de zum 1. Sonntag nach dem Christfest. Dazu habe ich neben den Exegesen zu Jes 49,13-16 in den aktuellen Ausgaben zur Predigtreihe VI der Predigtstudien, der Göttinger Predigtmeditationen, der Predigtmeditationen im christlich-jüdischen Kontext und in Roland Gradwohls Bibelauslegung aus jüdischen Quellen (Bd. 4) dankbar benutzt den Kommentar von Klaus Baltzer: Deutero-Jesaja, KAT X,2, Göttingen 1999. Durch die Auslegung von Deutero-Jesaja als szenischer Aufführung wurde mir die besondere Textstruktur nachvollziehbar. Verwendet habe ich außerdem Gedanken aus: Freiheit und Tod, Pfullingen 1955, dem Hauptwerk des zu Unrecht vergessenen Phänomenologen Arnold Metzger (1892-1974; zuletzt Honorarprofessor in München; Freund von Ernst Bloch), der auch von Theologen eines kritischen Dialoges gewürdigt werden sollte. Das Gedicht „Nicht vorüber" ist entnommen aus Rose Ausländer: Mutterland. Einverständnis, Fischer-TB 5775, Frankfurt/M. 1982, S. 109.

licht immer noch. Da werden die Kerzen am Weihnachtsbaum noch einmal entzündet. Da klingt es nach, das *Ehre sei Gott in der Höhe und Friede auf Erden*. Was ist und kommt, wird mitbestimmt von dem, was wir erinnern und was wir erwarten. Das Fest und die Freude - derart sind sie uns gegenwärtig.

Doch sind sie es anders als an den Festtagen selbst. Keineswegs dunkler oder gedämpfter. Nur weniger von außen als mehr von innen. Eben als Erinnerung: als das, was sich eingeschrieben hat in unserem Inneren und uns nun zuinnerst ist, wenn ich es einmal so sagen darf. Das ist das Gute, Besondere an diesem Tag, in diesen Tagen. Wir sprechen von der ›Zeit zwischen den Jahren‹, obwohl die Zeit voranschreitet wie alle Zeit. Doch schon als Kind schien es mir so: In diesen Tagen holt die Zeit Atem.

*Was vorüber ist / ist nicht vorüber / Es wächst weiter / in deinen Zellen / ein Baum aus Tränen / oder / vergangenem Glück.*

So dichtete Rose Ausländer. So erlebe ich es: In diesen Tagen, ›zwischen den Jahren‹ eben, schiebt sich eine andere Wirklichkeit hinein in die des Gewohnten, Alltäglichen, Immergleichen. Die Zeit ist nicht anders als sonst, aber etwas ist spürbar von einer anderen Zeit.

Von dieser anderen Zeit inmitten der bekannten, messbaren, fortlaufenden spricht auch der Prophet Jesaja: *Jauchzet, ihr Himmel; freue dich, Erde! Lobet, ihr Berge, mit Jauchzen! Denn der HERR hat sein Volk getröstet und erbarmt sich seiner Elenden.* In solchem Jubel bricht mit Macht das Ewige hinein ins Jetzt. Zwanglos, aber nicht grundlos. Im zwanglosen Zwang, dem ich mich erst dann verweigern könnte, nachdem ich ihn, den Jubel, vernommen habe, vibriert etwas vom unverfügbaren Grund von Welt und Leben. Vom Grund, der dem Schema von Ursache und Wirkung weit vorausliegt und weit überlegen ist. Gott steht nicht gegen die Kausalgesetze, ist aber Name für das Ursprünglichere und Grundlegendere, über das hinaus kein Ursprünglicheres und Grundlegenderes gedacht werden kann.

Ein Widerhall davon sind die bekannten Paukenschläge und Trompetenstöße, mit denen Johann Sebastian Bachs ›Weihnachtsoratorium‹ beginnt: „Jauchzet, frohlocket, auf preiset die Tage...!" Wir dürfen uns den Propheten tatsächlich mit Pauke vorstellen, der von Trommelwirbel und Trompetenstößen begleitet mit lauter Stimme ruft oder lautstark singt. Denn das Buch des 2. Jesaja könnte ein Drehbuch sein für ein Schauspiel, für ein Bühnenstück. Jedenfalls lässt sich so am besten erklären, was den Textkomplex Jesaja 40 bis 55 ausmacht: die Wechselreden, die Zwischenrufe und die Gesänge: *Jauchzet, ihr Himmel; freue dich, Erde! Lobet, ihr Berge, mit Jauchzen! Denn der HERR hat sein Volk getröstet und erbarmt sich seiner Elenden.*

Wo wurde das Stück aufgeführt? Zwei Spielstätten sind denkbar: Eine liegt am Rande der Großstadt Babylon, in dem Viertel, in dem die Israeliten wohnen mussten, die aus Jerusalem gewaltsam verschleppt worden waren. Dieses ›Babylonische Exil‹ begann im Jahr 587 vor Christus, bis Babylon selbst erobert wurde vom Perserkönig Kyros. Der beendete im Jahr 538 vor Christus per Edikt das Exil. Nach siebenmal sieben, nämlich 49 Jahren („Erlassjahr": 3. Mose 25) konnten die Israeliten nach Jerusalem zurückziehen. Die zweite Spielstätte könnte Jerusalem selbst gewesen sein. Denn nach der Rückkehr mussten Stadt und Tempel erst einmal neu errichtet werden. Da gab es Schwierigkeiten über Schwierigkeiten. Da fehlte es am Nötigsten. Da war unklar, wem eigentlich was gehört und wer was tun sollte. Da ging, wenn überhaupt, alles nur schleppend voran. Einige meinten sogar, im Exil sei es doch viel besser gewesen. Wie heißt es, von mir leicht abgewandelt, in einem Rabbinenwort? Es ist leichter, Menschen aus dem Exil zu holen als das Exil aus den Menschen! Ja, schwerer meist als die Befreiung ist das Leben in Freiheit.

Wer gibt Ermutigung? An der Spielstätte Jerusalem war sie ebenso, vielleicht noch nötiger als in Babylon: frei und immer noch in Ketten. Wer macht Hoffnung? Hoffnung auf einen guten Ausgang! Dass der Weg der richtige ist, auch wenn sein Ziel noch im Dunkeln liegt! Dazu hilft keine noch so sonnige Zukunftsprognose. Da gilt es, auf mehr zu hoffen als auf gutes Wetter. Da ist der Wirtschaftsindex ohne Aussagekraft. Da hilft nur der Paukenschlag, das Lied in höchsten Tönen.

Denn erst einmal gilt es, die Menschen zu wecken, sie herauszurufen aus ihrer Verzagtheit, ihrer Selbstbespiegelung, ihrem inneren Exil. Ihre Sinne zu öffnen für das, was sinnlich noch unerkennbar ist, wofür aber Augen und Ohren, alle Wahrnehmungsorgane auf Empfang gestellt werden sollten. Der *Himmel* weiß es längst. Die *Erde*, das flache Land, weiß es ebenfalls. Die *Berge,* auf denen *Himmel* und *Erde* sich gleichsam berühren, sie rufen, jauchzen es in alle Welt hinaus. Dann werden es auch die Menschen hören: Trost und Erbarmen sind beschlossene Sache. Ja, sie sind schon da: Trost und Erbarmen. Inmitten der Zeit, die nicht anders ist, ist eine andere Zeit angebrochen. Die Zeit, in der wir das Licht erkennen, das durch die Risse in der Mauer fällt. Die Zeit, in der Menschen im Namen des Kindes in der Krippe, das der Mann am Kreuz einst war, zu Ende sprechen können, was nicht das letzte Wort sein darf. Gott selbst spricht ein anderes Wort. Das lässt wieder Atem holen unter der Last einer versteinerten Geschichte, im Gedenken an die Trümmer des Tempels oder gar mittendrin in der Ruine. Im Gottesspruch kommt erst einmal die Menschenklage zu

Wort: *Zion aber sprach: »Der* HERR *hat mich verlassen, der* HERR *hat meiner vergessen.«*

Wir erinnern uns an die Christgeburt. Wir erinnern uns der Freude. Sie ist gegenwärtig. Was soll da noch die Klage!? Wir können sie nicht beiseite lassen! Das Licht, das durch die Risse fällt - macht diese ja erst erkennbar. Wie wir uns verlassen vorkamen - das gehört mit zur Erinnerung. In der Geburtsgeschichte nach Lukas 2 werden ganze ›Himmlische Heerscharen‹ aufgeboten, um die Verlassenheit der jungen Eltern ohne *Raum in der Herberge* (Lukas 2,7) für ihr Neugeborenes zu beenden und die Verlorenheit der Hirten zu beseitigen! Die Verlassenheit und Verlorenheit dieser Welt! Weihnachten ist keine Droge, die unser Schmerzgedächtnis betäubt. Weihnachten ist eine gefährliche Erinnerung. Wer Weihnachten feiert und dabei die Bibel ernst nimmt, erhebt - gewollt oder ungewollt, bewusst oder unbewusst - politischen Protest: Nicht die sog. Größen wie Kaiser Augustus in der Hauptstadt Rom, der Göttliche, dessen Kinder schon als Götter bezeichnet werden, retten die Welt, sondern die sog. Kleinen wie das unbekannte Kind in der Krippe in der Nähe des unbedeutenden Dorfes Bethlehem. In diesem Gotteskind sind alle Menschen Kinder Gottes.

Von daher nehme ich eine dramatische Frage aus Jesaja 49 auf. Vers 15 beginnt mit den Worten: *Kann auch eine Frau ihr Kindlein vergessen, dass sie sich nicht erbarme über den Sohn ihres Leibes?* Heute müssen wir genauer sagen: Eltern vergessen ihre Kinder, nicht nur Mütter, sondern auch Väter. Das geht uns gegen die Natur, gegen alle menschlichen Empfindungen und die Grundgebote des Lebens. Dennoch gehört es zu den bitteren Tatsachen des Lebens, dass dieses Undenkbare, dieses eigentlich Unmögliche geschieht. Mehr als einmal habe ich damit zu tun gehabt, dass Kinder in ihren ersten Lebenswochen von den Eltern alleingelassen wurden. Wäre kein „rettender Engel" gekommen, hätten sie keine drei Tage überlebt. Einmal konnten wir als Familie durch Adoption helfen. Die Frage geht mir wirklich nah: *Kann auch eine Frau ihr Kindlein vergessen, dass sie sich nicht erbarme über den Sohn ihres Leibes?*

Diese Frage bewegt mich in noch anderer Weise. Wer jetzt nicht hinhören will, möge das Folgende überhören. Denn ich wiederhole mich, habe ich doch in manchen Predigten noch während meiner aktiven Dienstzeit in dieser Gemeinde diese Sorge ausgesprochen: Haben wir noch unsere Kinder im Blick oder haben wir sie schon vergessen, obwohl sie bei uns sind? Wir könnten nämlich die letzte Generation sein, die lange wirkende Schäden durch Übernutzung unseres Planeten anrichtet, ohne selber den Preis dafür zahlen zu müssen. Dann wären wir die erste Generation, die nicht selber haftbar gemacht werden kann für die Schäden und Verwerfungen, die allein auf unser Konto gehen. Dann hätten wir einen Wesenszug unserer Kultur und Humanität schlicht außer Kraft gesetzt: das Prinzip Verantwortung. Verantwortung ist ohne persönliche Haftung nur leeres Gerede. Ohne Verantwortung gibt es auch keine Freiheit.

Heute weise ich auf diesen Punkt noch einmal hin, weil wir seit 12 Tagen eine neue Bundesregierung haben. Bei einer ›Großen Koalition‹ - was auch immer man von ihr halten mag: eine Demokratie braucht sowohl eine stabile Regierungsmehrheit als ebenso sehr eine starke Opposition - lag es nahe, in mühsamer, zeitraubender Kleinarbeit einen recht genauen Koalitionsvertrag auszuarbeiten und zu vereinbaren. Doch der wird nicht wie ein Fahrplan einzuhalten sein, sondern die Regierung, das Parlament, wir alle als mitverantwortliche Bürgerinnen und Bürger werden uns auf rasche und unerwartete Veränderungen in der Weltpolitik einzustellen haben. Umso mehr erhoffe ich mir, dass es in unserer Regierung Menschen gibt, die von dieser Frage wachgehalten werden: Wie können wir zukünftige Generationen entlasten statt belasten?

Welche Ministerien sind wichtig, welche weniger wichtig? Darüber wurde vor der Regierungsbildung viel gesprochen. Wirklich wichtig sind aus meiner Sicht die Ministerien, in denen es um Zukunftsfragen in internationalen Zusammenhängen geht. Darum rangiert für mich ein Ministerium wie das für Wirtschaftliche Zusammenarbeit, also für Entwicklungspolitik, ganz oben, verbunden mit denen für Umwelt- und Energiefragen. Nur wo wir unsere eigenen nationalen Interessen von den Interessen der verarmten Menschen und der belasteten Natur her in den Blick nehmen, verstehen wir unsere Interessen recht und verlassen wir unsere Kinder nicht. Nur was auch anderen dient, wird uns zugute kommen. Das ist kein Gebot der Moral, sondern der Vernunft! Es ist unsere Pflicht und Schuldigkeit, wollen wir als rational denkende und ökonomisch handelnde Menschen gelten! Solche Menschen werden wir in unserer Regierung und unseren Parlamenten nur finden, wenn die von uns Gewählten sie unter uns finden - in weit größerer Zahl als bisher.

Vor einigen Wochen las ich bedenkenswerte Worte des leider vergessenen Philosophen Arnold Metzger aus dem Jahr 1955. Er lautet sinngemäß: ›Unser Leben besteht aus ständig versinkenden Augenblicken. Darum leben wir von dem her, wohin wir verlangen. So ist unsere Erinnerung die Quelle unserer Erwartung. Erinnerung und Hoffnung sind das Zeitbewusstsein, das unsere Zeitlichkeit durchbricht. Noch in die dunkelste Erinnerung strahlt ein Blick des zukünftig erneuerten Lebens.‹ Wie wahr, wenn wir daran denken, wie schnell ein schönes Fest wie Weihnachten vorbei ist!

Wie wahr, wenn uns ›zwischen den Jahren‹ wieder einmal klar wird, dass Zeit und Leben vergänglich sind, die Zeit unseres Lebens! Wie wahr, wenn wir dessen gewahr werden, welche Kraft, welche Tiefe, welche mächtige Erwartung uns aus der Erinnerung zuwächst! Es ist die Erinnerung an eine Macht, die in der Ohnmacht geboren wird. Im Stall von Bethlehem. Am Kreuz auf Golgatha. Dort, mit seinen letzten Atemzügen, spricht Jesus mit demselben Wort für „verlassen" wie beim 2. Jesaja vor seiner eigenen Verlassenheit: *»Mein Gott, mein Gott, warum hast du mich verlassen?«* (Markus 15,34) Worte: gesprochen, gerufen aus der Ohnmacht heraus - dennoch, ja deshalb machtvolle Worte, weil die Erinnerung an Gottes Mitsein, die Verinnerlichung von Gottes Nähe, gleichsam eine innere Transzendenz die Quelle einer mächtigen Erwartung sind. Die dunkelste Erinnerung eben, in die ein Blick des zukünftig erneuerten Lebens gefallen ist. Die Kraft, die Jesus Gott um Gott bitten lässt. Und mehr kann und muss niemand, der nach einem noch so schwachen Sinnfunken sucht, nach Glaube, Hoffnung, Liebe in diesen ›Tagen zwischen den Jahren‹: Gott um Gott bitten (nach Johann B. Metz).

Jesus, unser Christus, konnte Gott um Gott bitten, weil er dieses Wort kannte, das in Jesaja 49 gegen das menschliche Vergessen als Erinnerung Gottes gestellt ist: *Siehe, in die Hände habe ich dich gezeichnet; deine Mauern sind immerdar vor mir.* Was ist damit genau gemeint? Dazu habe ich mehrere Deutungen gefunden. Heute nenne ich die beiden, die mir am meisten einleuchten. Einige Ausleger weisen darauf hin, dass in Jesaja 49 die weibliche Seite Gottes eine große Rolle spielt: die Frau; Zion, das häufig als Braut bezeichnet wird; das Trösten als mütterliches Erbarmen. So seien, was da in die *Hände...gezeichnet* ist, vielleicht sogar die *Mauern* die Umrisse einer jungen Frau. In der Tat, in unserem Predigttext ist im Grunde davon die Rede, wie Gottes Gottheit mütterliches Erbarmen ist.

Die zweite Deutung leuchtet mir ebenso ein: Wer von oben auf Jerusalem schaut, sieht Hügel und Täler. Und wer auf die Linien seiner Innenhandflächen blickt, kann die Täler, die Jerusalem durchziehen, in den eigenen Händen erkennen. Wie also bei uns Gottes Stadt in die Hand gezeichnet ist, ist Gottes Stadt, sind letzten Endes wir alle eingezeichnet in Gottes Hand! Die Handlinien, die Vertiefungen, die Erhöhungen, sind alle Zeit wahrnehmbar. Sie gehören zu unserem Leib, zu unserem Leben. Diese Deutung finde ich umso einleuchtender, je mehr ich an den Dreh- und Angelpunkt der Christfestbotschaft denke: Gott ist Mensch geworden, d. h. in älteren Lutherbibeln: „Fleisch". Keineswegs verbindet sich Gott allein mit unserem Geist, sondern mit unserem „Leib"! Sich an Weihnachten zu erinnern, bedeutet: sich an einen kleinen

Menschen aus Fleisch und Blut zu erinnern, an Gott in stinkenden Windeln! »*Denn der* HERR *... erbarmt sich seiner Elenden.*«

Die Erinnerung ist Quelle und Kraft unserer Erwartung. Wir leben von dem her, wohin wir verlangen. Dann müsste unsere Hoffnung umso stärker sein, wenn uns die Erinnerung wachruft und nach vorne weist. Wenn die Christfestbotschaft zur Zukunft unseres Lebens wird, zu dem, wohin wir verlangen. Denn die Zeiten werden nicht anders. Umso mehr muss etwas spürbar werden von einer anderen Zeit. In diesem Sinn erzähle ich, etwas abgewandelt, die Weihnachtsgeschichte nach Lukas 2 als Geschichte der Zukunft, der Zukunft bedrängter Menschen, denen gleichwohl zugesagt ist: »*Siehe, in die Hände habe ich dich gezeichnet...*«:

▷ *Es wird geschehen zu der Zeit, in der Gebote von Machthabern wie Augustus ausgehen, alle Welt solle sich schätzen lassen, damit die Steuerquellen weiter sprudeln und die Finanzmärkte keinen Kapitalmangel haben. Und die Menschen, die sich nicht wehren können, werden elektronisch erfasst und ausgespäht werden, bevor sie es merken konnten, ein jeder in seiner Stadt. Dann wird sich aufmachen einer wie Josef aus dem verarmten Galiläa, weil er der Macht über ihm entkommen will, zusammen mit seiner schwangeren Frau Maria. Und wenn sie im letzten Winkel der Welt angekommen sind, wird sie gebären ihren ersten Sohn und ihn in Windeln wickeln und in eine Krippe legen; denn sie werden sonst keinen Raum in der Herberge haben. Doch es werden Hirten sein in derselben Gegend auf dem Felde bei den Hürden, die hüten des Nachts ihre Herde. Und der Engel des Herrn wird zu ihnen treten, und die Klarheit des Herrn leuchten um sie; und sie werden sich sehr fürchten. Und der Engel wird zu ihnen sprechen:* »*Fürchtet euch nicht! Siehe, ich verkündige euch große Freude, die allem Volk widerfahren wird; denn euch ist heute der Heiland geboren, welcher ist Christus, der* HERR. *Und das habt zum Zeichen: Ihr werdet finden das Kind in Windeln gewickelt und in einer Krippe liegen.*« *Alsbald wird da bei dem Engel die Menge der himmlischen Heerscharen sein, die werden Gott loben und sprechen:* »*Ehre sei Gott in der Höhe und Friede auf Erden und den Menschen ein Wohlgefallen*«. *Und wenn die Engel von ihnen gen Himmel fahren, werden die Hirten untereinander sprechen:* »*Lasst uns nun gehen nach Bethlehem und die Geschichte sehen, die da geschehen ist, die uns der Herr kundgetan hat.*« *Und sie werden hereinelien und finden beide, Maria und Josef, dazu das Kind in der Krippe liegen....*

Wie es weitergeht - Sie können es selbst erzählen. Denn Sie wissen, wie es geschehen ist und was immer wieder zur Erwartung, zur Hoffnung, zur Rettung wird: zu dem, wohin wir verlangen: *Jauchzet, ihr Himmel; freue dich, Erde! Lobet, ihr Berge, mit Jauchzen! Amen.*

## [3]
## „›Nichts‹ passt in kein ›Nichtsein‹" - Predigt zu Jesaja 54,7-10
## Ev. Kirchenzentrum Kronsberg Hannover
## 30. März 2014 - Lätare

Liebe Gemeinde!

Mitten in meine Predigtvorbereitungen hinein schickte mir ein älterer Freund ein Gedicht von *Wisława Szymborska*. Diese polnische Lyrikerin lebte von 1923 bis 2012. Im Jahr 1996 erhielt sie den Nobelpreis für Literatur. Ihr schmales Werk umfasst 350 Gedichte, die in mehr als 40 Sprachen übersetzt wurden.

Schon mehrfach wurde mir empfohlen, ihre Gedichte zu lesen. Aus mir unverständlichen Gründen habe ich das bisher unterlassen. Jetzt aber wurde ich unter der Überschrift DIE DREI SELTSAMSTEN WORTE DER SZYMBORSKA ganz unmittelbar auf folgende Zeilen gestoßen:

> *Sage ich das Wort Zukunft, / verabschiedet die erste Silbe / sich schon in die Vergangenheit. / Sage ich das Wort Stille, / zerstöre ich sie. / Sage ich das Wort Nichts, / bilde ich etwas, das passt in kein Nichtsein.*

Die Lyrikern Szymborska befasst sich mit dem, was Worte bewirken oder nicht bewirken. Kaum gesprochen, verwehen und vergehen sie. Selbst im Wort »Zukunft« ist die erste Silbe schon Vergangenheit, also das Gegenteil von Zukunft, wenn die zweite Silbe gesprochen wird. Indem wir etwas aussprechen und so in die Welt setzen, verlässt es uns schon wieder.

Schon *etwas* anders, aber ähnlich ist es mit dem Wort Stille. Wir wüssten nicht wirklich, was Stille ist, hätten wir keinen sprachlichen Ausdruck für sie. Doch indem wir das Wort aussprechen, ist es nicht mehr still. Schon leise gesprochen vernichten die sechs Buchstaben Stille, was wir eigentlich mit ihnen sagen wollten.

*Ganz* anders, eher *umgekehrt* ist es mit dem Wort Nichts. Mit ihm wollen wir so etwas wie die Leere, das Nicht-Vorhandene, das Vakuum ausdrücken. Aber schon das gesprochene Wort Nichts ist kein Nichts! Indem es gesprochen wird, wird das Nichts, das es besagen und bedeuten soll, zu Etwas. Und ein Etwas - selbst ein verwehendes, vergehendes Wort - ist kein Nichtsein. So verstehe ich die letzten beiden Zeilen bei

Wisława Szymborska: *Sage ich das Wort Nichts, / bilde ich etwas, das passt in kein Nichtsein.*

Das klingt in gewisser Weise wie: *Im Anfang war das Wort.* (Johannes 1,1)

Nun mögen Sie fragen, was das mit unserem Predigttext zu tun hat. Namentlich diese letzte Gedichtzeile sagt etwas, was auch von der Wirkung von Jesaja 54 gilt. Jetzt zitiere ich nur den bekannten Schluss, Vers 10, ein Wort, das viele Eltern als Taufspruch für ihre Kinder und viele junge Leute sich als Konfirmationsspruch wählen:

*Denn es sollen wohl Berge weichen und Hügel hinfallen, aber meine Gnade soll nicht von dir weichen, und der Bund meines Friedens soll nicht hinfallen, spricht der HERR, dein Erbarmer.*

Erst im Hebräischen wird deutlich: Das ist ein Wort der Poesie, ein Psalm, ein Gedicht. Diese Poesie des Glaubens - sie spricht mich in einer unaussprechlichen Tiefe an, die ich nur andeuten kann, wenn ich sie wiederhole, sie selbst sprechen lasse:

*Denn es sollen wohl Berge weichen und Hügel hinfallen, aber meine Gnade soll nicht von dir weichen, und der Bund meines Friedens soll nicht hinfallen, spricht der HERR, dein Erbarmer.*

Doch dabei verspüre ich einen außerordentlichen Widerspruch. Denn gerade wenn *Berge weichen und Hügel hinfallen*, frage ich mich, wo dann Gottes Gnaden- und Friedensbund bleibt. Sichtbar ist er offenkundig nicht. Will ich ihn an einem historischen Ereignis festmachen, gibt es mindestens soviel Gründe, die für seine Gegenwart sprechen, wie Gründe, die ganz und gar dagegen sprechen.

So ist das auch mit Ostern. Heute ist der Sonntag LAETARE, an dem wir über das Leiden Jesu hinaus auf seine Auferstehung blicken. Gut, für jedes Osterfest gibt es ein Datum. Doch mit diesem Datum wird „Auferstehung" noch keineswegs zum Fixum. Und dennoch steht die Osterbotschaft dem Nichtsein, dem Tod entgegen. Wie in dem Gedicht selbst: noch das Wort Nichts passt in kein Nichtsein. So schafft - nach meinem Empfinden - das Jesaja-Wort eine eigene Wirklichkeit. Selbst wenn es ganz unwirklich wäre, bleibt es für mich wirklich. Ich möchte es nicht missen, sondern immer wieder hören. Es spricht für sich selbst. Ich kann nicht beweisen, ob es „stimmt", aber es erweist sich mir als „stimmig". Ein afrikanisches Sprichwort sagt: „Das Wort, das dir wirklich weiterhilft, kannst du dir nicht selbst sagen." So ist es mit dem Jesaja-Wort: Es ist ein Hoffnungswort, das mich zu einem Hoffenden macht. Eine Verheißung, die in mich hineingibt, was nicht in mir enthalten ist. Es ist wie mit der Liebe: Die Liebe, mit der ich geliebt werde, ist nicht enthalten in der Liebe, mit der ich liebe.

Eben das steckt auch in den Worten „Barmherzigkeit" und „Erbarmen". Sie leiten sich her von *racham*, was im Hebräischen „Mutterleib" heißt. Damit ist der Ort gemeint, in dem neues Leben entsteht, bis zu einem lebensfähigen Stadium sich entwickelt und geboren wird. Im Leib unserer Mutter waren wir alle enthalten. Womit klar ist: Der Leib unserer Mutter war in uns eben nicht enthalten. Unser Anfang liegt in ihm.

So geht es um die immer neuen Anfänge. Dass uns ein Anfang gegeben war, der uns vorausgesetzt ist, ist die Voraussetzung unseres Anfangenkönnens. Anfangen zu können aus sich selbst, das ist Freiheit. Aber dieses „aus uns selbst" haben wir eben gerade nicht aus uns selbst. Es ist uns noch vor der Geburt mitgegeben, zugewachsen. Das ist der eigentliche Sinn von „Barmherzigkeit", „Erbarmen". Die sind kein Güteerweis von oben herab, von einem, dem es besser geht und der aus seinem Besitz ganz gut mal etwas abgeben kann. Sondern eine stete Erinnerung daran, dass ich mich immer einer Wirklichkeit verdanke, die mir eigentlich nichts schuldig ist, die aber mich will, Euch alle!

Der Ausdruck „Gnade" macht noch deutlicher, worum es geht: Diese - hebräisch - *chesed* ist das, wozu eine(r) sich verpflichtet weiß, bevor sie oder er überhaupt an rechtliche Verpflichtungen denkt. Wie Eltern ihre Kinder lieben, sie erst einmal nur lieben und für sie da sein wollen - alles andere ergibt sich dann.

Gewiss, es kann Störungen geben. Davon ist zu Beginn unserer Jesaja-Passage die Rede: »*Ich habe dich einen kleinen Augenblick verlassen... Ich habe mein Angesicht im Augenblick des Zorns ein wenig vor dir verborgen*«. Verstehen wir vor allem den Ausdruck *Zorn* bitte recht: Er steht in der Hebräischen Bibel, namentlich beim Propheten Jesaja niemals allein, sondern bezieht sich immer auf „Liebe". Nur wo „Liebe" vorkommt, ist von *Zorn* die Rede. Es ist der *Zorn* der „Liebe". Statt um Bestrafung geht es also um die unmittelbare, innige Beziehung, die, weil sie lebendig, lebensvoll ist, zwei Seiten kennt, Abwendung und Zuwendung. Auch Liebende können sich nicht immer nur in die Augen schauen. Es geht um nichts Aufrechenbares und Anrechenbares, worauf sich Ansprüche gründen könnten. So wird weder ein Grund für den *Zorn* im Sinne eines Vorwurfs genannt noch ein Grund im Sinne einer Wiedergutmachung für die erneute Zuwendung. Es geht um das Grundlose, das der unverfügbare Grund aller Beziehung ist. Es ist eben wie mit dem Wort Nichts, das in kein Nichtsein passt. Übrigens: Dem begrenzten Augenblick des *Zorns* folgt die unbegrenzte Zeit der Gnade. Die war in, mit, unter dem *Zorn* immer schon da. Jetzt tritt sie wieder ins Licht.

Beachten wir nun die Ausweitung ins Kosmische. Vom Noah-Bund ist die Rede: *Ich halte es wie zur Zeit Noahs, als ich schwor, dass die Wasser Noahs nicht mehr über die Erde gehen sollten. So habe ich geschworen, dass ich nicht mehr über dich zürnen und dich nicht mehr schelten will.* Die Schöpfung nach der großen Flut ist keine andere als vorher: sie hat dieselben Risse und Schründe, sie ist unvollkommen und wahrscheinlich, anders als Leibniz es gesagt hat, höchstens die zweitbeste aller Welten. Dennoch soll sie erhalten bleiben, trotz ihrer Mängel, durch Destruktionen und Katastrophen hindurch. Und diese Zusage ist Gotteswort aus Prophetenmund!

Doch wer ist damit eigentlich angesprochen? Ich habe den Jesaja-Text jetzt so ausgelegt, als sei er unmittelbar an uns als Einzelpersonen gerichtet. So dürfen, sollen wir ihn *auch* verstehen, als einen Hoffnungshorizont, vor dem wir zu Hoffenden werden. Zuerst aber sind die Worte an eine Frau gerichtet. Diese Frau ist eine Stadt. Bei allen Propheten ist die Stadt eine Frau. Wohl weil an ihr das Schützende, Geschützte und Schützenswerte am augenfälligsten in Erscheinung tritt. Diese Stadt ist Jerusalem mit dem Berg Zion. Deshalb ist Zion auch das andere Wort für Jerusalem. Jetzt, als die Stimme Jesajas erklingt, im Exil in Babylon, etwa um 550 v. Chr. herum, liegt Jerusalem in weiter Ferne - und am Boden. Jerusalem ist verlassen. Aber eben nur für eine begrenzte Zeit. Die Stadt wird wieder errichtet werden, Zion wieder im Licht erstrahlen. Das wird noch dauern.

Und ist *doch* schon *da*: Indem diese Verheißung, diese Hoffnung ausgesprochen wird, hat sich schon etwas verändert. Wie könnte auch, wer keine Hoffnung hat, nichts, was erinnert werden und wonach verlangt werden kann, eine Stadt neu errichten und neu besiedeln?! Das Veränderte, Andere ist da auch in den Zeiten und über die Zeiten hinweg, in denen der Zion, der ewige Augapfel Gottes, zum ständigen Zankapfel der Völker wurde. Alle politischen Konflikte fokussieren sich in Jerusalem. Gleichwohl bleibt diese Stadt der Sehnsuchtsort für den Weltfrieden. Weil in ihrem Namen das Wort Schalom enthalten ist. Weil eine Verheißung sie trägt.

Verheißung und Zukunft hat aus meiner Sicht auch ein gleichsam kleiner Zion: der Kronsberg mit dem Evangelischen Kirchenzentrum! Und es gilt noch eines, was sich mir eingeprägt hat als Wort unseres früheren Stadtsuperintendenten Hans Werner Dannowski, dem viele Impulse für dieses Kirchenzentrum zu verdanken sind: „Städte werden zusammengehalten durch Barmherzigkeit!" Ich füge hinzu: Wahre Barmherzigkeit treibt zur Gerechtigkeit. Und Barmherzigkeit reicht dorthin, wo Gerechtigkeit nicht hinreicht.

Wenn die Stadt angeredet ist, haben diese Worte eine politische Dimension. Darum lasst mich, bevor ich zum Schluss komme, wenigstens kurz etwas zur politischen Großwetterlage sagen. Derzeit habe ich große Sorge, dass wir wieder in eine Machtpolitik zurückfallen, die schon vor 100 Jahren als Kampf der Nationalstaaten um Vorrang und Vorrechte Ausdruck von Wahnwitz, Übermut und Dummheit zugleich war. Nirgendwo, niemals dürfen Präsidenten, Regierungen, Oligarchen, Mafiabosse, Stammesfürsten, Warlords oder Geheimdienste meinen, im Recht zu sein, nur weil sie die Macht haben. Niemals und nirgendwo!

Gegen solche Anmaßung brauche ich Worte wie diese: *...der Bund meines Friedens soll nicht hinfallen.* Was auch tatsächlich geschehen mag: Mit solchen Worten ist eine Alternative und eine Perspektive der Hoffnung in der Welt, die immer wieder auferstehen wird, das Potential eines neuen Anfangs. Diese Worte sind nicht nichts, denn sie verwandeln das Nichtsein ins Sein, das Nein ins Ja, den Tod ins Leben.

Der Sonntag LAETARE, das KLEINE OSTERN mitten in der Passionszeit, ist der Vorschein der „Freude / mitten im Leide", wie wir nachher singen werden. Was das bedeutet, ist auf unserer Altarwand zu erkennen. Sie wurde Anfang November 1999 vor Ort gegossen. Da gab es von einem Tag auf den anderen einen unerwarteten, plötzlichen Temperatursturz. Im Beton entstanden Blasen und Spannungen, die als Lücken, Risse und Riefen erkennbar sind. Morgens um 10:00 Uhr waren Architekt Hirche und ich hier verabredet. Da sahen wir, wie die Bauarbeiter versuchten, die Altarwand glatt zu putzen, die Lücken, Risse, Riefen zu glätten. Entsetzt fragten wir den Polier, was das solle. Die Antwort war, das solle doch die Altarwand der Kirche sein, da müsse doch alles makellos sein. Für einen Augenblick wurden Professor Hirche und ich nachdenklich. Wir haben sogar erwogen, alles ganz neu gießen zu lassen. Doch wären wir dann auf der sicheren Seite gewesen? Plötzlich durchzuckte uns die Erkenntnis: Keine Glättung! Keine Verbesserung, die nur eine Verschlimmbesserung gewesen wäre! Kein Abriss! Denn die Risse und Riefen, das Unansehnliche, Unvollständige, Unfertige: alles das gehört dazu!

Ostern wird es erst durch Karfreitag hindurch. Es gibt keine Freude jenseits des Schmerzes. Es gibt nur das Wort der Gnade und des Friedens. Das Licht, dessen Kommen und Gehen wir auf der Altarwand erblicken können. Auf das wir manchmal vergeblich warten und über das wir uns manchmal ganz unerwartet freuen dürfen. Und mittendrin das Kreuz, das Zeichen einer Liebe, die das Leiden auf sich nimmt.

Was ist das schon? Für mich - mehr als nichts. Ist das nicht zu wenig? Für mich ist es alles. Der Grund für Glaube, Hoffnung, Liebe, die nicht in mir enthalten sind, die aber mich halten. Und wenn das alles nichts sein sollte, erinnert das Jesaja-Wort an das, was hält, wenn alles fällt, weil es niemals ins Nichts stürzen kann. Eine gute Deutung ist dafür die Gedichtzeile: *Sage ich das Wort Nichts, / bilde ich etwas, das passt in kein Nichtsein.* Amen.

[4]
"›Frieden fängt beim Frühstück an‹" - Predigt zu Lukas 24,36-49a
Ev.-luth. Hof- und Stadtkirche St. Johannis Hannover
25. April 2011 - Ostermontag
FÜNFUNDZWANZIG JAHRE NACH «TSCHERNOBYL»

Liebe Gemeinde!

Im Jahr 1986 war Ostern sehr früh, schon am 30. und 31. März. Da steckte der Winter noch in der Erde und in den Knochen. Gut, dass Ostern mehr ist als ein Frühlingsfest. In manchen Jahren müssten wir in unseren Breiten sonst lange auf Ostern warten. Im Jahr 1986 war dann die letzte Aprilwoche voller Frühlingsduft, die Sonne schien warm, alle Knospen blühten auf. Die schwere Winterkleidung kam in den Schrank, die leichten Blusen, Hemden und Jacken wurden schon einmal getestet. Und die Sandkästen waren für die Kinder wieder bespielbar. In vielen wurde der Sand ausgetauscht. Bis zum 25. April, einem Freitag, hatten vermutlich die Sandkisten in den meisten Privatgärten und Kindertagesstätten frischen, unverbrauchten Sand. Die Kinder bauten wieder Burgen und Tunnel und „Kuchen": alles aus Sand. Ein Riesenspaß![4]

Am Abend des 28. April, einem Montag, gab es erste Meldungen: In der Sowjetunion sei ein Kernkraftwerk bei Tschernobyl „havariert", vermutlich seien größere Mengen

---

[4] Zum Hintergrund für diese Predigt: Von 1991 bis 1999 war ich auf landeskirchlicher Ebene für die Gesamtorganisation der Ferienmaßnahme für die von der Tschernobyl-Katastrophe am meisten betroffenen Kinder (das sind die aus der Region Gomel in Weißrussland) als Direktor des Amtes für Gemeindedienst (jetzt: Haus kirchlicher Dienste) verantwortlich. So fiel mir z. B. die Aufgabe zu, im Jahr 1991 die Kinder für die Landeskirche auf dem NATO-Fliegerhorst Ahlhorn der Bundeswehr zu begrüßen und mit einer Delegation (u. a. mit Evelyn und Dr. med. Hans-Peter Stoevesandt) im September 1991 nach Weißrussland zu fliegen. Die Predigt ist von diesen persönlichen Erfahrungen geprägt (einschließlich der mit den eigenen vier Kindern erlebten Sandkastengeschichte). Da sie vorab in einer vom Haus kirchlicher Dienste der Ev.-luth. Landeskirche Hannovers herausgegebenen Arbeitshilfe zum Gedenken an FÜNFUNDZWANZIG JAHRE TSCHERNOBYL als Entwurf veröffentlicht worden ist, wurde sie zur besseren Verwendbarkeit in allgemeiner Form verfasst und so hier wiedergegeben. Die Ausweitung des OP-Textes bis V. 49a scheint mir im Blick auf die besondere Verbindung von Ostermontag mit dem Tschernobyl-Gedenken sinnvoll. - Die Verse „Frieden fängt beim Frühstück an..." sind entnommen aus Hanns Dieter Hüsch: Das Schwere leicht gesagt, hg. v. Uwe Seidel, Freiburg i. Br. 1994, S. 21.

Radioaktivität ausgetreten, man müsse abwarten, in welche Richtung der Wind die Wolke treibe... Die Kinder spielten weiter in den Sandkisten. Spätestens am Mittwoch standen dann viele Eltern und Erzieherinnen vor der Frage: Dürfen wir das noch zulassen? Denn auch Deutschland hatte etwas von der Wolke abbekommen, Bayern vor allem, Niedersachsen weniger. Dennoch müsse man mit radioaktivem Niederschlag auch bei uns rechnen, natürlich auf Kinderspielplätzen, in Sandkästen, nicht bedrohlich, aber Vorsicht sei geboten, es sei besser, Kinder *nicht* im Sand spielen zu lassen... Einige versuchten, ihre Kinder im Haus zu halten. Andere ließen ihre Kinder weiter in der neuen Sandkiste spielen, begrenzten aber die Spielzeit. Eine anfechtbare Entscheidung. Doch viele Kinder waren noch zu jung, um die Gründe für ein Verbot zu verstehen. Sie hätten das Vertrauen verloren, in ihre Eltern, die Erzieherinnen, in den Frühling... Der mögliche Vertrauensverlust wog bei dieser Abwägung am schwersten... Den Sand auszutauschen, war wenig sinnvoll, denn Sand wird meistens draußen gelagert...

Ob richtig oder falsch - auch denen, die darüber noch gar nicht nachgedacht hatten, wurde plötzlich klar: Radioaktivität ist unsichtbar. Du siehst sie nicht. Du riechst sie nicht. Du schmeckst sie nicht. Sie kribbelt nicht auf der Haut. Sie wirkt langsam, ihre Folgen sind manchmal erst Jahre, Jahrzehnte später zu bemerken...Radioaktivität kennt keine Grenzen...und Tschernobyl liegt gleich nebenan.

Ende April, Anfang Mai war Tschernobyl in aller Munde. Einige hatten Ängste, berechtigte und übertriebene. Andere beschwichtigten, wo nichts mehr zu beschwichtigen war. Wieder andere gingen achselzuckend oder ratlos zur Tagesordnung über: „Es wird so schlimm nicht kommen!" Nach wenigen Wochen wurde in Bonn ein Bundesministerium für Umwelt, Naturschutz und Reaktorsicherheit (wie es heute heißt) eingerichtet. Die Forderung gab es schon lange, zumal aus den Kirchen. Nun gab es kein politisches Entweichen mehr, nachdem soviel Radioaktivität bis nach Nord- und Mitteleuropa entwichen war. Der Streit über die Nutzung von Kernenergie bekam einen neuen Schub. Tschernobyl und Harrisburg und andere Unglücksorte - sie sind noch heute in aller Munde, zu Symbolen einer Großtechnologie geworden, die aus dem Ruder zu laufen droht(e).

*Als sie aber davon redeten, trat er selbst, Jesus, mitten unter sie und sprach zu ihnen: «Friede sei mit euch!»*

Von einer Katastrophe redeten auch sie, Jesu Jüngerinnen und Jünger, fast 2.000 Jahre früher, auch im Frühling, nach dem Passahfest. Der die Welt mit seinem Glauben, seiner Hoffnung, seiner Liebe infizieren wollte, war nun mit dem Tod kontaminiert. Mit der Nähe des Gottesreichs war er den Religionsführern zu weit gegangen, mit seinem Friedenstick für die römischen Machthaber unberechenbar geworden. Auf Golgatha, draußen vor den Toren der Stadt, ließen sie ihn am Kreuz elendiglich verrecken. Schon seine Worte an seine Henker: «*Vater vergib ihnen, denn sie wissen nicht, was sie tun!*» (Lukas 23,33) waren ein Friedenswort, unerhört - selbst von den wenigen, die, beim Kreuz geblieben, sie gehört haben. Unerhört, doch unvergesslich. Mit seinem Todesschrei verbunden, mit seiner Lebenshingabe, die ihn endgültig auf die Seite der Opfer brachte. Seitdem war dieses Friedenswort schon unter ihnen. Ihm musste nur, niemand weiß, *wie* das geschah, Stimme verliehen werden: «*Friede sei mit euch!*»

Wer will denen, die da Furcht und Zittern packt, ihr Erschrecken vorwerfen? *Sie erschraken aber und fürchteten sich und meinten, sie sähen einen Geist*. Wir alle rechnen doch damit, dass der Friede von oben kommt, aus dem Munde himmlischer Heerscharen vielleicht. Aber schon die, bei Jesu Geburt, meinten einen Frieden, der ganz unten auf der Erde wohnt, in einem Stall, einer Krippe. Und dann eben dieser Friede von noch weiter unten, aus dem letzten Dreck dieser Welt, von der Schädelstätte, wo die Toten dem Geierfraß preisgegeben sind: Ort des Kreuzes, das in die Höhe ragend in die letzte Tiefe hinabreicht. Für die Jüngerinnen und Jünger war eine Auferstehung das geringere Problem, die konnten sich viele damals durchaus vorstellen. Ganz unvorstellbar aber war ihnen, von einem, der „am Holz" der gottlosesten Foltermethode unterworfen so ganz weit weg von Gott gewesen sein musste, diesen Gottesgruß zu hören: «*Friede sei mit euch!*» Diese Unmittelbarkeit, leiblich vermittelt im Wort, war für sie ganz irreal, geradezu gespenstisch. Kann man einen Friedensgruß von einem erwarten, der aus dem Tode kommt? „Friede" / „Schalom" bedeutet im Hebräischen volles Genüge, ein rundes Leben, in und an dem nichts fehlt. Sein Leben aber war brutal abgebrochen worden.

Wir Christen glauben, dass Jesu Kreuzestod etwas ganz Unverwechselbares und Unvergleichliches ist. War es aber ein Tod „für uns", dürfen wir auch fragen: Was sagen uns die Toten von Tschernobyl? Gewiss, über ihre Zahl wird gestritten, ebenso lassen sich meistens mehrere Todesursachen angeben, und bei einigen ging es schnell, bei anderen dauerte es länger. Doch auch ein schleichender Tod ist ein Tod. Die Frage bleibt: Was sagen uns diejenigen, deren Leben damals so früh abgebrochen wurde? Was sagen uns diejenigen, die noch einen frühen Tod sterben werden oder ihr Leben lang mit schweren Schäden zurecht kommen müssen? Was sagt uns das Geschick derer, die Hals über Kopf aus den nun auf Dauer unbewohnbaren Dörfern und Städten heraus mussten, ohne wirklich zu wissen, wohin? Was sagt es uns, dass es in einer wunderschönen Landschaft nun eine „tote Zone" gibt, gleichsam ein „totes Paradies"?

Früh gestorben sind auch manche von den 1004 jungen Menschen, die ich als Organisator für die Hilfe für Tschernobyl-Kinder unserer Landeskirche im Jahr 1991 auf dem Nato-Flugplatz Ahlhorn offiziell begrüßen durfte. Als die ersten 150 Kinder am 26. Mai 1991 aus dem Flugplatz stiegen, zaghaft, unsicher, müde, erwartungsvoll, und sich vor dem Hangar versammelten, habe ich dreimal meinen Kopf nach hinten gedreht, um meiner Tränen Herr zu werden. Denn ich musste ja laut, nur mit Megaphon etwas sagen, die Aggregate der Tupolew 154M verbreiteten noch ihr durchdringendes Geräusch. Zuerst: „Dabro paschalnowatsch / Herzlich willkommen!" Und dann: „Friede sei mit euch!" Dabei brachten sie, die geschädigten Kinder, Frieden - auf eine mir bis dahin unbekannte Weise: Durch ihr und ihrer Eltern Zutrauen, zu uns zu kommen, hat doch in Weißrussland (Belarus) ein Drittel der Bevölkerung durch deutsche Hand im 2. Weltkrieg das Leben verloren! Jetzt boten *sie* Frieden *uns* an, indem sie sich uns anvertrauten, den ehemaligen Feinden! Zugleich erinnerten sie mich daran, dass dort, wo technische Macht bedenkenlos entfesselt wird, statt Frieden Unfriede ist, nicht als offener Krieg, aber als Gewalt, die alles abbricht, die ein menschliches Leben schon vor der Zeit vereiteln kann, weit weg von einem Genüge. Einige dieser Kinder und der sie begleitenden Erwachsenen von damals sind tatsächlich gestorben an den Folgen der radioaktiven Strahlung, andere starben im Mutterleib: vor ihrer Geburt, andere kamen schwer geschädigt zur Welt, bis heute. Was sagt mir da der Gekreuzigte? Ich gebe dir die Kraft, den Tod hinzunehmen, der am Ende deines Lebens ganz aus Gottes Hand kommt. Und auch die Toten von Tschernobyl ruhen in Gott. Aber gegen den Tod aus Menschenhand, der Leben einfach abbricht: vor der Zeit, musst du angehen, auch dazu gebe ich dir die Kraft.

*Und Jesus sprach zu ihnen: «Was seid ihr so erschrocken, und warum kommen solche Gedanken in euer Herz? Seht meine Hände und meine Füße, ich bin's selber. Fasst mich an und seht; denn ein Geist hat nicht Fleisch und Knochen, wie ihr seht, dass ich sie habe.»*

Wer auch immer da die Stimme erhebt, es kann nur die Stimme des Gekreuzigten sein. Wer auch immer in seinem Namen spricht, wird erinnern an SEINE Nägelmale an Händen und Füßen. Frieden kommt nur durch den, der mit uns durch die „Hölle" gegangen ist, der alle Schrecken durchlebt hat, der eine Liebe bis in den Tod hinein und durch ihn hindurch gelebt hat. Am 13. September 1991, einem strahlenden Spätsommertag, war ich in der „Toten Zone" rund um Tschernobyl. In einer der vielen zerfallenen, überwucherten Bauernhütten sah ich auf dem vermodernden Holzfußboden eine Christusikone, zerbrochen, verstaubt, verwittert, abgeblättert, doch eben noch erkennbar an den letzten Resten des Goldkranzes, auf den einige Sonnenstrahlen fielen: Jesus am Kreuz. Daneben eine Kinderpuppe: ohne Arme, mit nur einem halben Bein. Da erlebte ich Ostern. Wo Menschen Teufelswerk anrichten, lässt Gott seine Welt nicht zum Teufel gehen. Auch wenn dieser Landstrich unbewohnbar bleibt. Auch wenn noch heute, nach 25 Jahren, die Schulhöfe und Spielplätze im Gebiet Gomel zubetoniert sind.

Der mit seinem Friedensgruß mitten unter die Überlebenden tritt, bekennt sich ausdrücklich zu dem Leben, das ihm das Leben gekostet hat. Er zeigt seine Wunden vor. Nichts davon ist jetzt vorbei. Die Kreuzigung war keine bedauerliche Panne im Leben eines edlen Menschen, fix behoben durch die Auferstehung. Im Gegenteil. Ostern hebt das Kreuz nicht auf. Ostern setzt, wenn ich es so sagen darf, das Kreuz in Kraft, gibt ihm Gewicht, Bedeutung, Sinn. Ostern sagt der Gekreuzigte: Ich mache weiter! Wo sich das ganz normale Leben abspielt, euer schwieriges, gefährdetes Leben - da bin ich weiter dabei, jetzt erst recht. Er wischt ihr Erschrecken nicht beiseite. Mit seinen Wundmalen zeigt er, was immer wieder erschrecken muss. Aber er bezieht ihr Erschrecken ein ins Leben. Er bittet sie um etwas zu essen:

*Als sie aber noch nicht glaubten vor Freude und sich verwunderten, sprach er zu ihnen: «Habt ihr hier etwas zu essen?» Und sie legten ihm ein Stück gebratenen Fisch vor. Und er nahm's und aß vor ihnen.*

Sie glauben noch gar nicht. Sie sind erst nur überrascht, überwältigt von SEINER GEGENWART. Sie geben ihm nur ein Stück Fisch. Woran sollen wir dabei denken? An die Jünger, die einst Fischer waren? An den wunderbaren Fischzug? An das Symbol der frühen Christenheit: „Jesus Christus Gottes Sohn und Retter"? Das alles liegt nahe. Aber ein *gebratener Fisch* ist noch etwas anderes als ein symbolischer. Vielleicht wollte er nur etwas zu essen haben, um zu zeigen: Ich will weiter mit euch leben. Und zum Leben miteinander gehört eine einfache Wahrheit: Frieden beginnt am Küchentisch. „Frieden fängt beim Frühstück an". So hat es Hanns Dieter Hüsch, der fromme Kabarettist mit der schnellen Zunge, einmal gesagt:

Frieden fängt beim Frühstück an / Breitet seine Flügel / Fliegt dann durch die Straßen / Setzt sich auf die Dächer dann / Großer Sehnsuchtsvogel / Breitet seine Flügel aus / Dass Friede sei in jedem Haus / Opa wiegt das Enkelkind / Auf den alten Knien / Zeigt dem Kind den Vogelflug / Wie der Knecht den Herrn ertrug / Und der Vogel fliegt sich wund / Von Bucht zu Bucht / Von Sund zu Sund / Trägt sein Zeichen vor sich her / Von Land zu Land von Meer zu Meer / Dass der Mensch sein Leid erkennt / Von Kontinent zu Kontinent / Bis die Taube nicht mehr kann: - / Frieden fängt beim Frühstück an

Es gibt keinen Frieden ohne Glauben. Glaube aber beginnt, wo ein Begehren wahrgenommen und ernstgenommen wird. Wenn Menschen sich von der Not Anderer beeindrucken, von ihren Blicken berühren lassen und ihnen geben, was sie brauchen. Es ist also, so vollmundig und dogmatisch anfechtbar es klingt, viel Glaube in unserer Landeskirche: Denn seit nunmehr 21 Jahren nehmen Jahr für Jahr bis zu 500 Gasteltern Kinder und junge Mütter mit kleinen Kindern aus dem Bezirk Gomel auf, dem am meisten verstrahlten Gebiet. Und da gehört was auf den Tisch! Von der überbordenden russischen Gastfreundschaft, auch in den ärmsten Familien, einmal abgesehen.

Und was geschah am Abend des 26. Mai 1991, als die ersten beiden Flugzeuge auf dem Nato-Flugplatz in Ahlhorn gelandet waren? Die Aeroflot-Piloten waren alle zugleich sowjetische Militärflieger, Angehörige der «Roten Armee»! Die trafen sich im Ahlhorner Offizierskasino mit den Offizieren der Bundesluftwaffe, Angehörige der NATO. Für die Landeskirche hatte ich zu einem Friedensmahl eingeladen. Dabei hatte ich soweit gar nicht gedacht, aber die Piloten selbst haben es so genannt. Die sowjetische Crew musste am selben Abend zurückfliegen - so floss nur wenig von dem, was die Crew begehrte: „Deutsches Bier". Dafür flossen Tränen. Für ihn sei erst jetzt der Krieg vorbei, sagte der Chefpilot.

Er nimmt den Fisch und isst. Dabei hätte er ihn nach dem Tode doch einfach selig abstreifen können: diesen Leib, der uns alle dem Leiden aussetzt und an die Vergänglichkeit bindet! Warum ist sie ihm offenbar zu wenig: jene reine geistige Welt, in die viele heute noch gerne eintauchten? Aber das wäre nur eine halbe und damit keine wirkliche Auferstehung, die bloß hinfällige, geschundene, verletzte Leiber dem Irdischen enthebt. Das erst ist die ganze Auferstehung: die Hinwendung zu den verletzlichen, geschundenen, hinfälligen Leibern im Irdischen, zumal den durch Unverantwortlichkeit und Unvorsichtigkeit um ihr volles Genüge gebrachten, um ihr Glück betrogenen Leibern! „Leibliche Auferstehung", Auferstehung allen Lebens! Auferstehung heißt dann auch: Die Täter sollen niemals mehr über die Opfer triumphieren! Wo der Tod noch die Macht hat, hat er längst schon sein Recht verloren!

Wir können die Erde nicht in den Himmel verwandeln. Aber wir können - durch alles Erschrecken hindurch, das wir nicht abstreifen, aber uns verwandeln lassen - hoffen auf einen „neuen Himmel, eine neue Erde": *Gott wird abwischen wird alle Tränen von ihren Augen, und der Tod wird nicht mehr sein noch Leid noch Geschrei noch Schmerz* (Offenbarung 21,4). Über diese Welt hinaus hoffend können wir in sie hinein hoffen: in der Treue zur Erde dem Himmel treu sein. Wir kommen niemals am Schweren vorbei, aber hindurch. Ostern: Der den Tod hinter sich hat, stiftet seine Anhängerinnen und Anhänger dazu an, mit ihm hier auf Erden weiterzumachen. Das ist mehr als: Freunde, das Leben ist lebenswert! Wenn er, der durch die tiefsten Tiefen musste, zum Weitermachen auffordert, dann muss am Leben mehr und am Tode weniger dran sein, als wir zu glauben uns angewöhnt haben: Gott ist unsterblich treu, im Leben wie im Sterben! Darauf spricht er sie noch einmal an:

*Er sprach aber zu ihnen: «Das sind meine Worte, die ich zu euch gesagt habe, als ich noch bei euch war: ‚Es muss alles erfüllt werden, was von mir geschrieben steht im Gesetz des Mose, in den Propheten und in den Psalmen.'» Da öffnete er ihnen das Verständnis, sodass sie die Schrift verstanden, und sprach zu ihnen: «So steht's geschrieben, dass Christus leiden wird und auferstehen von den Toten am dritten Tage; und dass gepredigt wird in seinem Namen Buße zur Vergebung der Sünden unter allen Völkern. Fangt an in Jerusalem und seid dafür Zeugen. Und siehe, ich will auf euch herabsenden, was mein Vater verheißen hat.»*

Ein unglaublicher Glaube. Er wird denen zuteil, die sich immer wieder hineinrufen lassen in diese von Gott geschaffene Welt: *Fangt an…und seid…Zeugen!* Der sich noch *im* Tod in Gottes Hand weiß, ruft uns auf, das Leben *vor* dem Tod nach Gottes Willen zu gestalten. So dürfen, so sollen auch wir in SEINEM NAMEN weitermachen. Doch SEIN Weiter ist ein Anders. So ungern du es hörst und so vorgestrig andere es finden: *Buße.* Ja, unsere Lebensweise gehört auf den Prüfstand! Immer weiter so? Nach der Katastrophe wäre das die eigentliche Katastrophe. Lassen wir uns deshalb eine Prüffrage wie diese gefallen: Wenn wir so ungeheuer viel Energie brauchen, wollen wir dann wirklich Frieden oder können wir nur den Hals nicht voll kriegen? So wenig es die ganze Wahrheit ist, trifft es doch zu: Die Krise in den arabischen Staaten ist durch die westliche Welt mit verursacht. Hungernd, unersättlich gierend nach Öl als Energiequelle haben unsere Demokratien jahrzehntelang Diktaturen gestützt: Freie Ölförderung. Freie Seewege. Ein freier Suezkanal. Wir leben frei - und liegen doch in Ketten. Dabei gibt es in der von Gott geschaffenen Welt andere Möglichkeiten: Weniger Energie zu verbrauchen sowie Energie auf andere Weise als durch Kernkraft zu erzeugen! Frieden braucht Gerechtigkeit. Gerechtigkeit braucht Nachhaltigkeit. Jeder Verstoß gegen die Nachhaltigkeit ist ein Verstoß gegen die Gerechtigkeit. Große Worte. Wie kommen wir zu den Tätigkeitswörtern? Doch wohl nur in der Kraft der Auferstehung.

Im Horizont des *Siehe, ich mache alles neu!* (Offenbarung 21,5) gilt es, sehr konkret etwas Neues zu lernen, eine Herausforderung anzunehmen, die bisher ohne Beispiel ist, vor die der Klimawandel uns aber unausweichlich stellt: Weichen richtig zu stellen für eine Zeit, die über unsere Lebenszeit und die unserer Kinder, Enkel und Urenkel und deren Kinder, Enkel und Urenkel weit hinaus reicht, in eine Zukunft, die uns wie ein Jenseits erscheint. Dass Endlager für abgebrannte Kernbrennstäbe auf bis zu 1 Millionen Jahre Sicherheit angelegt sein müssen, ist nur ein Beispiel dafür. Eine solche Zeitdimension lässt sich nur im Rückblick erfassen: vor 40.000 Generationen existierte zwar schon homo erectus, der aufrecht gehende Mensch, aber noch nicht homo sapiens, der denkende Mensch; Jesus lebte vor 80 Generationen. Bis jetzt haben wir so gelebt, als wollten wir die gesamte Weltzeit, alles, was die Welt uns bietet, in unserer Lebenszeit ausschöpfen. Da sich aber - jetzt - die Ressourcen, auch des Uran, zu erschöpfen beginnen, bringt Zukunft allein, die Endlichkeit anzuerkennen. Die entsprechenden Fakten und Perspektiven haben Claus Leggewie und Harald Welzer zusammengestellt in ihrem Buch: „Das Ende der Welt, wie wir sie kannten". Auferstehung heißt dann, im Vertrauen auf *Gottes* Zukunft die Welt als etwas anderes zu verstehen denn bloß als letzte Gelegenheit zum Gebrauchen und Verbrauchen.

Die landeskirchliche Hilfe für Tschernobyl-Kinder ist ein kleiner Anfang, eines von vielen Hoffnungszeichen, dass Frieden werden kann und alte Feindschaft überwindbar ist. Menschen, die einander fern sind, kommen einander nahe!

Ostern geschieht unsere Berufung zur Ewigkeit. Die aber ist zuallererst Ruf in die Gemeinde: Menschen vertrauen sich gemeinsam Gott an. So geben sie Zeugnis von dem, dem wir Welt und Leben verdanken, in dem wir Gnade und Sinn finden! Das alles kann ich jetzt nur andeuten. In *dieser* Stunde ist am wichtigsten: Er hat alle Völker im Blick. Er will uns seinen Geist geben. Er traut uns zu, umzukehren, uns erneuern zu lassen und anders weiterzumachen. Er eröffnet uns neues Leben, an diesem Tag und über unsere Tage hinaus.

Möge das auch die Zuversicht und die Wirklichkeit sein für die Menschen in der Tschernobyl-Region!

Jesus Christus, Gekreuzigter und Auferstandener, Geschundener und Gesegneter: Darum bitten wir dich!

Tritt immer wieder in unsere Mitte, sprich zu uns, sprich uns an: *Friede sei mit euch!* Amen.

## [5]
## „Kehrtwende" - Predigt zu Apostelgeschichte 9,1-20
### Ev. Kirchenzentrum Kronsberg Hannover
### 29. August 2004 - 12. Sonntag nach Trinitatis

Liebe Gemeinde!

Die Biblische Lesung, die wir vorhin als Epistel hörten, ist eine der Geschichten, auf die sich die Christenheit gründet. Zugleich gehört sie zu den ‚großen Geschichten' unserer Kultur. Sie hat ihren Platz in unserer Sprache: Jemand hat ein „Damaskus-Erlebnis". Jemand wandelt sich vom „Saulus" zum „Paulus". Jemand ist „mit Blindheit geschlagen". Jemandem „fällt es wie Schuppen von den Augen". In solchen Wendungen unserer Alltagssprache wirkt die außer-alltägliche Wandlung eines Menschen weiter, an dem sich eine überraschende Lebenswende vollzogen hat: vom Christenverfolger Saulus zum Christusnachfolger Paulus.

Das Licht, das Saulus plötzlich umleuchtete, sein Sturz auf die Erde, der eindringliche Ruf seines Namens und dann die Schwärze vor Augen - das alles wird sich in Sekundenschnelle abgespielt haben. Aber die Geschichte geht noch weiter. Damit aus dem Umleuchteten ein Erleuchteter wird, bedarf es einer zweiten Begegnung - der Begegnung mit einem Menschen aus Fleisch und Blut. Was sich vor der Stadt in dramatischer Weise abgespielt hat, setzt sich in der Stadt auf andere Weise fort. Saulus' Lebenswende ist noch nicht abgeschlossen - und mit ihr hängt die Lebenswende eines anderen Menschen, des Hananias, zusammen.

In der 2. Lesung, die wir anstelle des Evangeliums haben wir gehört, wie es in Damaskus, in der kleinen christlichen Gemeinde dort, weitergeht: Der Christ Hananias wird beauftragt, sich um diesen Saulus zu kümmern. Er weigert sich, hat er doch Furchterregendes von diesem Mann gehört. Schließlich aber geht er doch in das Haus, wo der Erblindete liegt, nimmt ihn gleichsam in die Gemeinde auf und bereitet ihn auf seinen Dienst für Christus vor.

Diesem zweiten Teil der Erzählung wende ich mich nun zu, um ihn aus dem Schatten des ersten Teils herauszuholen und zugleich nach Auftrag und Aufgabe zu fragen, die uns daraus erwächst.

Die frühen Christen wurden „Anhänger des neuen Weges" genannt. In der Tat muss der Christ Hananias einen neuen Weg gehen. Er wird berufen, den Christenfeind Saulus als Christenfreund anzunehmen. In dieser Berufung des Hananias entdecke ich, wie Christsein viele Anfänge und Gelegenheiten hat. Christsein bedeutet, zu leben unter dem Licht vom Himmel und deshalb anderen Licht sein zu können. Da muss aber kein dramatisches „Damaskus-Erlebnis" vorausgegangen sein, noch hat es zu tun mit einem außergewöhnlichen religiösen ‚Kick' nach Art eines spirituellen ‚Bungee-Jumpings'. Gerade im Alltag, wo die kleinen Lichter leuchten, wird die Berufung zum Christsein ständig erneuert. Vor allem in der Begegnung mit anderen Menschen sind wir stets aufs Neue zum Christsein herausgefordert.

Ein hoher Anspruch, gewiss. Und nicht jeder Mensch mag von seinem Glauben sprechen, einfach weil Glaube etwas so Persönliches, fast Intimes ist. Es kann auch sein, dass man's einfach nicht gewohnt ist oder nicht zu denjenigen Menschen gehören will, die ständig mit einem frommen Spruch auf den Lippen anderen ihren Glauben aufdrängen wollen. Deshalb empfinde ich das rabbinische Wort, leicht abgewandelt, als hilfreich: „Sprich nicht ungefragt von deinem Glauben. Aber lebe so, dass man dich irgendwann nach deinem Glauben fragt."

In unserem Predigttext entdecke ich noch etwas, das mir *meine* Aufgabe erleichtert. Als Hananias seinen Auftrag erhält, wird er darauf hingewiesen, Saulus-Paulus habe in einem inneren Bild Hananias schon zu ihm kommen sehen. Bevor also Hananias zu diesem Fremden geht, war Christus schon bei ihm. Deshalb will ich davon ausgehen: Christus ist schon bei dieser Person, die mir begegnet. Das nimmt die Fremdheit.

Der Auftrag an Hananias bedeutet dennoch eine Lebenswende, eine Kehrtwendung. Wie soll er ausgerechnet den als Christen anerkennen und annehmen, der ein ausgewiesener Christenfresser ist?! Würden wir einen früheren Stasi-Mann, der die Gemeinde ausspioniert und verraten hat, in die Gemeinde aufnehmen wollen? Hananias soll jemanden segnen, der seinen Glaubensgeschwistern - und damit auch ihm - bis dahin nach dem Leben getrachtet hat. Darüber - das ist doch klar - muss er erst einmal mit Jesus sprechen, ihn betend befragen. „Habe ich richtig gehört?" Ja, auch wir müssen mit Jesus sprechen. Uns wird oft Ungewöhnliches zugemutet! „Habe ich richtig verstanden, was Gott von mir will?" Im Hören auf die Stimme Christi bestätigt sich, was die Stimmen von Christen bezeugen: ‚Was Gott uns zumutet, ist niemals größer als der Mut, den Gott uns zuteil werden lässt.'

Und so überwindet Hananias seine verständlichen Berührungsängste, so lässt *er* sich gegenüber dem Feind schon einmal von Christus entfeinden, so spricht *er*, der Gejagte, den Jäger mit Bruder an: *Lieber Bruder Saul, der* HERR *hat mich gesandt, Jesus, der dir auf dem Wege hierher erschienen ist: dass du wieder sehend und mit dem heiligen Geist erfüllt werdest*. Im Namen Jesu tut er es, im Namen dessen, der diese Geschwisterschaft auf seine verborgene Weise schon gestiftet hat. Im Licht Christi gewinnt Hananias eine andere Sicht, die sich nicht von alten Erfahrungen und überholten Gewohnheiten her den Blick für die neue Wirklichkeit verstellen lässt. Der Name Jesu ermächtigt ihn dazu, Saulus als erwählten, als zu Christus gehörenden, als Menschen mit Würde und Auftrag von Christus her anzusehen - in Saulus also schon den Paulus zu erkennen, obwohl dieser Name in der Apostelgeschichte erst einige Kapitel später erwähnt wird (Apostelgeschichte 13,9).

Der Name Jesus Christus bewirkt die Annahme: Hananias legt Saulus die Hand auf. Christsein hat also auch eine körperliche Seite. Wer mit Jesus zu tun bekommt, befindet sich in der Nähe Gottes, die in die Nähe von Menschen führt. Wer mit Jesus zu tun bekommt, lernt den kennen, der zuerst das Leid und die Not von Menschen wahrnahm und sich um sie kümmerte - und dann erst ihre Sünde.

Mithin ist Seelsorge auch - oft zuallererst - Leibsorge. Und manchmal sagen ein Blick, eine Berührung, ein Wink mehr als Worte - ja, oft genug bleibt, so erlebe ich es oft an Krankenbetten, allein das. Der Glaube hat Gesten und Gebärden - wie gut! Auch jenseits der Worte lässt Gott sich loben. In dem Film „Jenseits der Stille", der von einer jungen Klarinettistin mit gehörlosen Eltern handelt, hat mich die Szene besonders berührt, wie in einer Kirche gehörlose Menschen „Lobe den Herrn..." singen - ohne einen Ton, ohne ein Wort, einzig in der Sprache ihrer Gebärden.

Zunächst kann Saulus drei Tage weder sehen noch essen noch trinken. Am Schluss empfängt er die Taufe. Dann erst nimmt er wieder etwas zu sich. Aus Saulus muss erst einmal alles Alte in ihm abfließen - wie abgestandenes Wasser aus einem Becken -, damit frisches Wasser, neue Kräfte ihm zufließen. Die alten Bilder, die sein Inneres besetzt halten, müssen sich erst auflösen, damit das wahre Bild Christi in seinen Blick kommt. Dazu braucht er Raum und Ruhe - und einen Menschen in seiner Nähe, der ihn mit den Händen segnet und besiegelt, dass Saulus-Paulus nun unter einer anderen Macht steht.

Saulus-Paulus und Hananias, liebe Gemeinde, gehören zusammen. Hananias' Lage ist unserer Lage hier und heute näher. Wir sind - Gott sei's gedankt - weit entfernt von einer Christenverfolgung. Die aber gibt es in anderen Ländern durchaus wieder. Und vor gar nicht so langer Zeit haben die Nazis missliebige Christen brutal ausgeschaltet, und in der früheren DDR standen die Christen unter starkem Druck - so wirkungsvoll und nachhaltig, dass in keiner größeren ostdeutschen Stadt mehr als 10% der Menschen einer christlichen Kirche angehören.

Auch bei uns hat sich die Lage geändert. Hier auf dem Kronsberg, wo wir eine neue Gemeinde bilden, liegt die Zahl der evangelischen und römisch-katholischen Christen bei etwa 30%.

Am meisten aber machen uns die Gleichgültigkeit und der Abbruch von Kenntnis und Verständnis der christlichen Botschaft zu schaffen. Doch das ist nur die eine Seite. Auf der anderen Seite sind neues Interesse, neue Aufbrüche zu erkennen. Vermehrt lassen sich erwachsene Menschen taufen. Und immer wieder begegnet Christus Menschen an unbekannten Orten und auf unvermutete Weise.

Wir brauchen also Menschen, die ähnlich sind wie Hananias: Christenmenschen, die ihre Nachbarn, ohne sie zu vereinnahmen, im Licht Christi sehen, die bereit sind, ihr Christsein zu erkennen zu geben, ohne jemanden damit zu bedrängen, die auch fremde Menschen in Christi Namen annehmen und die einen schonenden, schützenden, segnenden Umgang mit den Menschen um sie herum pflegen. In der Gestalt des Hananias sind wir eben dazu berufen. Amen.

[6]
„Knallvergnügt erwacht" - Predigt zu Kolosser 2,12-15 (in Auswahl)
Ev.-luth. Neustädter Hof- und Stadtkirche St. Johannis Hannover
15. April 2012 - Quasimodogeniti

Liebe Gemeinde,

haben Sie heute schon gefrühstückt? Wenn ja, hoffe ich, es hat Ihnen geschmeckt und weiteren ‚Appetit...nach Leben' geweckt. Wie in Joachim Ringelnatz, bekannt durch viele heitere und skurrile Verse. Ringelnatz erblickt den ‚Appetit...nach Leben', der ja schlechthin und naturgemäß zum Menschsein gehört, im vergnügten Erwachen, im erfrischenden Morgenbad, in blankgeputzten Schuhen, im Verlangen nach einem leckeren Frühstück.[5] Danach fühlst du dich wie neugeboren! Leben!

> Ich bin so knallvergnügt erwacht. / Ich klatsche meine Hüften. /
> Das Wasser lockt. Die Seife lacht. / Es dürstet mich nach Lüften.
>
> Ein schmuckes Laken macht einen Knicks / Und gratuliert mir zum Baden. /
> Zwei schwarze Schuhe in blankem Wichs / Betiteln mich »Euer Gnaden«.
>
> Aus meiner tiefsten Seele zieht / Mit Nasenflügelbeben /
> Ein ungeheurer Appetit / Nach Frühstück und nach Leben.

---

[5] Joachim Ringelnatz: Morgenwonne, in: Ringelnatz in kleiner Auswahl..., Berlin 1964[8], S. 86f.

Um Leben geht es auch Ostern, das in uns nachklingt. Die Osterbotschaft verkündet ein Leben, das durch kein Sterben aufgehalten werden kann, ein Neues Sein, in dem wir das Ende, das auf uns wartet, am Anfang schon überstanden haben.

Diesen Osterglauben hat die frühe Christenheit an der Taufe festgemacht und als eine Neugeburt beschrieben - und damit als leibliches, sinnenhaftes Geschehen. Das drückt der Name dieses Sonntags aus: *quasi modo geniti infantes... - wie die neugeborenen Kinder* (1. Petrus 2,2a).

Auch der Predigttext für diesen Ersten Sonntag nach Ostern, im 2. Kapitel des Kolosserbriefs die Verse 12 bis 15, will in der Perspektive Leben in seiner ganzen Fülle gehört werden. In Auszügen und mit kleinen Veränderungen lese ich heute den Predigttext heute einmal nach der Übertragung von Jörg Zink (Neues Testament, Stuttgart 2000, S. 446):

*$_{12}$Wie [Jesus Christus] begraben wurde, so seid ihr gestorben und begraben. Dafür ist die Taufe, bei der ihr ins Wasser getaucht werdet, das Zeichen. Wie er aus dem Tod auferstanden ist, so seid ihr zu neuem Leben auferstanden dadurch, dass ihr an die Macht dessen glaubt, der ihn von den Toten erweckt hat. $_{13}$Eure Sünden waren das Grab, in das ihr euch selbst verschlossen habt. Er aber hat die Sünden weggeräumt, euer Grab geöffnet und euch mit ihm frei heraustreten lassen. $_{14}$Oder anders gesprochen: Ihr habt euch durch alles Böse, das ihr gemacht oder getan habt, ständig verschuldet. ... Da hat Christus den Schuldschein genommen, ihn zerrissen und an das Kreuz geheftet, an dem er selbst gestorben ist. Damit ist gesagt: Das alles ist wiedergutgemacht. Eure Schulden sind bezahlt. Euer Schuldenkonto ist gelöscht. $_{15}$So hat er über den Tod gesiegt, über die Sünde und den Teufel, die über euch Macht hatten.*

Soweit Kolosser 2 Verse 12 bis 15 in Auswahl. Es geht um die Fülle des Lebens aus der Fülle Gottes. Darum sind die Worte und Bilder auch aus dem vollen Leben genommen. Das Bild von der Taufe macht den Herrschaftswechsel, um den es geht, anschaulich: wie damals die Täuflinge ganz untergetaucht werden, als müssten sie im Wasser ihr Grab finden, und dann wieder hochgeholt werden, um das Licht der Sonne ganz neu zu erblicken. Ein lebensvolles Bild! Ganz nahe kommt ihm das vom erquickenden Bad im Ringelnatz-Gedicht und damit eine unserer Alltagserfahrungen. Das ‚schmucke Laken', das ‚einen Knicks macht', erinnert entfernt an die weißen Gewänder, die die frühen Christinnen und Christen nach der Taufe am Ostermorgen anlegten und durch die sie sieben Tage lang das Neue Sein in Christus aller Welt sinnenfällig bezeugten.

Das nächste Bild ist freilich eher düster: Eure Sünden waren das Grab, in das ihr euch selbst verschlossen habt. Aber auch das ist ein anschauliches, ja treffendes Bild. Sünde - Grab - selbst verschlossen. Diese Worte, nur etwas anders aufeinander bezogen, sagen, was Sünde ist: Selbstverschlossenheit. Nicht weil das Sinnenhafte der Liebe Sünde wäre, sind beide Gegensätze. Sondern weil das in Wahrheit Sünde ist, wenn Menschen sich so in sich selbst verschließen, dass sie das wahre Lebenswort sich auszusprechen weigern: LIEBE - ICH LIEBE DICH. Wenn aber manche Menschen nichts mehr wünschen als eben diese Worte zu jemandem zu sprechen, es aber nicht können? Dann - jedenfalls meistens - haben andere Menschen sich ihnen gegenüber verweigert, verschlossen. Luther hat vom sündigen Menschen nicht in moralischen Begriffen gesprochen, sondern ihn als in sich gekrümmten und verkrümmten Menschen bezeichnet, als »homo incurvatus in se ipsum«: in sich selbst gefesselt, gefangen, gleichsam bei lebendigem Leib begraben, vor allem infolge des Zwangs, sich ständig selbst beweisen und rechtfertigen zu müssen. Dabei aber rückt mir Gott immer ferner und werde ich mir selbst immer fremder.

Jedoch: Das Leitbild des Christseins ist das des freien, weil befreiten Menschen! Nicht des Menschen, der nicht mehr schuldig werden könnte, aber des Menschen, der dennoch leben kann: frei nicht von, aber in und trotz Schuld. Weil er ein Mensch mit Jesus Christus ist, an dessen Seite, an dessen Hand er ins Leben hinaustritt: Er [Gott] aber hat...euer Grab geöffnet und euch mit ihm [Jesus Christus] frei heraustreten lassen. Eine Christin, ein Christ sein heißt. Sich nicht mehr im Grab der Selbstverschlossenheit verbarrikadiert, sondern von Jesus Christus ins Freie gerufen zu wissen: Davon zu leben und das zu leben, dass er uns hat heraustreten lassen. So ist Christsein ek-statisch statt statisch, ein Außersichsein, ein Neues Sein mit allen Sinnen, fern verkrümmender Selbstrechtfertigungszwänge, Schuldzuweisungen und Schuldabwälzungen. Wen es - in diesem Sinn - ‚dürstet...nach Lüften', ist im Leben mit Jesus Christus angekommen!

An drei kleinen Buchstaben hängt alles: mit! Wer mit jemandem ist, ist weder ganz in sich verschlossen noch ganz allein. Wir sind mit Jesus Christus, weil er mit uns ist! Wie sehr, zeigt am Ende von Vers 14 das Bild vom Schuldschein, den Jesus Christus zerrissen und an das Kreuz geheftet hat, an dem er selbst gestorben ist. Dabei geht es wirklich ums Leben. Dazu jetzt drei Gedanken.

Zunächst plädiere ich dafür, den Menschen zu verstehen als dasjenige Lebewesen, zu dem Schuld dazugehört. Nicht zuletzt das unterscheidet, soweit wir erkennen können, den Menschen vom Tier. Und eben das Schuldigwerden, dem niemand entkommt, lässt die andere Seite hervortreten, die uns Menschen kennzeichnet: Freiheit und Verantwortung. Jenseits von Sünde und Schuld gibt es weder Verantwortung noch Freiheit - - - noch Leben!

Können Sie sich einen Menschen, können Sie sich sich selbst ohne Schuld vorstellen? Schuldlose bräuchten kein Gewissen. Sie hätten, weil ihnen Scheitern und Scham fremd blieben, wohl ein kaltes Herz. Sie wären am Ende zu keiner Wohltat fähig, weil sie die Wohltat des vergebenden Wortes und der versöhnenden Hand niemals gespürt hätten. Sie wären wohl gnaden-los, lieb-los, trost-los, weil sie keine Gnade, keine Liebe, keinen Trost bräuchten - und hätten sie umso nötiger. Also wären Schuldlose, wenn es sie denn gäbe, um ganz wichtige Lebenserfahrungen ärmer. Nicht dass wir uns absichtlich in Schuld verstricken sollten, aber anzuerkennen, in Schuld verstrickt zu sein - auch das macht uns lebendig, erfahren, menschlich.

Damit - und das ist das Zweite - plädiere ich dafür, Sünde und Schuld auch wieder als Verhängnis zu begreifen, als Verhängnis unserer Gottesferne. Nicht um uns zu entschuldigen, wir könnten ja nichts für die Folgen verfehlten Handelns und Lebens, sondern als das, in dem wir hängen und das uns anhängt. Dass wir das Mensch- und das Schuldigsein im Namen modernen, humanen Denkens möglichst strikt voneinander trennen, ist das Gegenteil von Humanität. Es ist auch das Gegenteil von Rationalität. Das sage ich im Blick auf das derzeitige wunderbare Hannover-Festival der Philosophie mit dem Thema WIEVIEL VERNUNFT BRAUCHT DER MENSCH? (Leider konnte ich gestern, weil der Saal überfüllt war, den Vortrag von Harald Welzer zum Thema UNVERNUNFT nicht hören.) Wo nämlich Schuld als Lebensdimension geleugnet wird, entfaltet sie erst recht ihre Macht. Dafür nur ein Beispiel aus der letzten Zeit: Wie reagieren Menschen, wenn etwas Schlimmes, Abscheuliches geschehen ist? Oft sind dann ansonsten unbescholtene Bürger, medial verstärkt, schnell und unerbittlich, mit Gewaltdrohungen auf der Suche nach den Schuldigen, auch wenn die Schuld noch unbewiesen ist.

Zudem besteht heutzutage die Neigung, die Schuldfrage auf die Erfolgsfrage einzuschränken sowie alles Wohl und Wehe auf die Einzelperson zurückzuführen: Was habe ich falsch gemacht? Womit habe ich diesen Misserfolg verursacht? Warum habe ich versagt? Die Frage nach der persönlichen Verantwortung ist unabweisbar, unverzichtbar. Wo aber Verantwortung allein an Erfolg oder Misserfolg, an sichtbaren Ergebnissen des Wohls und des Glücks gemessen wird, wird sie einem bloßen Kosten-

Nutzen-Denken unterworfen. Und wer nur sich selbst als letzte Instanz kennt, gerät in die Endlosschleife, an allem selbst schuld zu sein, auf dem Schulhof wie auf den Finanzmärkten. Das führt ebenso zu Versagensängsten wie am Ende zu Verantwortungslosigkeit: Was kann ich dafür? Schuld sind die anderen! Oder zur Selbstüberschätzung: Was ich alles vermag! Ich bin ganz ohne Schuld! Oder zur Selbstverachtung: Ich bin doch unfähig und unnütz, an allem schuld! In alledem gehen Humanität und Rationalität vor die Hunde.

Dagegen wird an anderer Stelle im Kolosserbrief von Mächten und Gewalten gesprochen, die kein Mensch beeinflussen kann, die zunächst einmal einfach da sind, die einzig Gott wirklich in Schach halten kann. Dass es ein Schuldverhängnis gibt, entlastet uns davon, alles auf uns selbst zurückführen zu müssen. Zugleich eröffnet es uns die Möglichkeit, unsere eigene Rolle, ohne uns vorab mildernde Umstände zuzubilligen, realitätsgerechter wahrzunehmen, um dann diejenige Schuld erkennen zu können, die nach menschlichem Einsichtsvermögen uns tatsächlich zukommt. Schuld ist ja immer Verhängnis und Tat zugleich.

Das Dritte ist nun allerdings das Allerwichtigste, Entscheidende: der Schuldschein ist zerrissen, Jesus Christus hat ihn an das Kreuz geheftet, das ganze Konto unserer Taten und Untaten ist gelöscht. Jedenfalls spielt es für unser Ansehen bei Gott keine Rolle mehr. Die biblische Botschaft lässt Schuld erkennen, in der Kraft des Evangeliums wird sie aber auch vergeben. Dann sind wir mehr als die Summe unserer Taten und Untaten. Diese wichtige Seite des Osterglaubens - des Gottvertrauens, dessen Quelle die Taufe ist - wird im Kolosserbrief besonders betont. In Worten unserer Tage: Inmitten der Schuldenkrise ist der Schuldenschnitt schon vollzogen!

Ja, in der Bibel hat Schuld zunächst einmal etwas mit Schulden zu tun. Dabei lädt in erster Linie Schuld auf sich nicht, wer Schulden macht, sondern wer andere in Schulden hineintreibt und ihn niemals daraus entlässt. Zu den vielen Facetten von Schuld gehört, Menschen von sich abhängig zu machen, ihnen die Würde abzusprechen, in ihnen durch Zwangsvorschriften und Dauervorwürfe Schuldgefühle zu erzeugen, Opfer wie Täter und Täter wie Opfer zu behandeln - und dergleichen mehr.

*...vergib uns unsere Schuld, wie auch wir vergeben unsern Schuldigern!* Diese Vaterunser-Bitte hat mit sehr irdischen Verschuldungen und Schulden zu tun. In den Mose-Büchern, z. B. 3. Mose 25, gibt es die Weisung, nach sieben bzw. sieben mal sieben Jahren einem verschuldeten Menschen alle Schulden zu erlassen. Niemand soll bis ans Lebensende in Schuldknechtschaft, d. h. in Abhängigkeit leben müssen. Alle - aus wel-

chen Gründen auch immer - Verschuldeten sollen einmal wieder freie Menschen sein. Das ist der soziale Hintergrund von Kolosser 2 Vers 14: dass Jesus Christus den Schuldschein...zerrissen und an das Kreuz geheftet hat. Er hat das Spiel von Schuldabrechnung und Schuldabwälzung durchkreuzt! Nun kann es neu beginnen: das Spiel der Freiheit - als Vermögen, einen Zustand von selbst anzufangen.

Das ist keinesfalls ein Freibrief dafür, sich hemmungslos zu verschulden, schon gar nicht auf Kosten anderer! Es zeigt aber, wie Schulden und Schuld den sicheren Tod schon bei lebendigem Leib bedeuten können. Solche Todesurteile würden gesprochen in einer Welt ohne Vergebung, Versöhnung. Dann würden nämlich Menschen festgenagelt auf das, was einmal geschehen ist, begraben unter dem, was sie einmal getan haben. Die in Hannover geborene jüdische Philosophin Hannah Arendt schreibt in ihrem Buch ›Vita activa - oder Vom tätigen Leben‹ sogar, weil Geschehenes nicht rückgängig gemacht werden könne, sei menschengerechte Politik nur aufgrund von Vergebung und Versöhnung möglich. Dafür zitiert sie Jesus als Beispiel und spricht von Neugeburt.[6]

Eben darin erblicke ich die Pointe unseres heutigen Predigttextes: Keineswegs ist schon alles gut, aber Jesus Christus hat es längst schon wieder gutgemacht - und das heißt: uns neu zum Leben ermächtigt. So sind Vergebung, Versöhnung die Einübung in Auferstehung. Die Mächte und Gewalten, die wie Schuld und Tod uns unter sich begraben wollen - sie sind noch da, aber sie sind Jesus Christus untergeordnet, sie üben noch Macht aus, aber sie haben jedes Recht an uns verloren. Nun hat Recht auf uns einzig die Liebe Gottes. Wer in der Taufe zu Christus gehört, bleibt in und mit ihm, auch in Schuld und Scheitern, in Scham und Schande. Für mich beginnt Auferstehung in Jesu Kreuzestod: Er ist das brutale Ende seiner kurzen Lebenszeit, aber kraft dieses Endes wird unser Herz, wird der Erdkreis erfüllt mit einer Liebe, die sich von keinem Tod unterkriegen lässt, die in alle Lebensräume hinein, über alle Lebenszeiten hinaus wirksam ist.

Ein schier unglaublicher Glaube. Aber kann die Welt anders gerettet werden als aus dem Unglaublichen heraus? Unser unglaublicher Osterglaube verleiht dem ‚Appetit nach Frühstück und nach Leben', unserem kreatürlichen, aber endlichen Begehren, einen ewigen Grund in der unzerstörbaren Liebe Gottes. Amen.

---

[6] Siehe Hans Joachim Schliep: Gläubiger Realismus. Kronsberger Reden, Saarbrücken 2012, S. 16-20.

[7]
## „Verdammter Hahn…" - Predigt zu Johannes 21,15-19
### Ev.-luth. Hof- und Stadtkirche St. Johannis Hannover
### 14. April 2013 - Miserikordias Domini[7]

Liebe Gemeinde!

Der zweite Name dieses Sonntags als „Sonntag vom ‚Guten Hirten'" nimmt den für heute vorgesehenen Predigttext auf: Johannes 21 Verse 15 bis 19. Darin kehrt das Motiv von Jesu Mahlgemeinschaften mit den Menschen, die seinen Weg mitgehen, und den Menschen, denen er auf seinem Weg durch die galiläischen und judäischen Ortschaften begegnet, wieder. In Johannes 21 Verse 15 bis 19 ist es verbunden mit einem Gespräch zwischen Jesus und Petrus. Beides ist als Geschehen *nach* Ostern dargestellt, weil in der Feier des Herrenmahls, in Brot und Wein, sich die frühe Christenheit der Bedeutung von Jesu Leben und Wirken bewusst und seiner bleibenden Gegenwart im Wort gewiss wurde. Damit erhalten wir einen Einblick in die ersten Anfänge der frühesten Christenheit:

*Als sie nun das Mahl gehalten hatten, spricht Jesus zu Simon Petrus: »Simon, Sohn des Johannes, hast du mich lieber, als mich diese haben?« Er spricht zu ihm: »Ja, Herr, du weißt, dass ich dich lieb habe.« Spricht Jesus zu ihm: »Weide meine Lämmer!« Spricht er zum zweiten Mal zu ihm: »Simon, Sohn des Johannes, hast du mich lieb?« Er spricht zu ihm: »Ja, Herr, du weißt, dass ich dich lieb habe.« Spricht Jesus zu ihm: »Weide meine Schafe!« Spricht er zum dritten Mal zu ihm: »Simon, Sohn des Johannes, hast du mich lieb?« Petrus wurde traurig, weil er zum dritten Mal zu ihm sagte: »Hast du mich lieb?«, und sprach zu ihm: »Herr, du weißt alle Dinge, du weißt, dass ich dich lieb habe.« Spricht Jesus zu ihm: »Weide meine Schafe! Wahrlich, wahrlich, ich sage dir: Als du jünger warst, gürtetest du dich selbst und gingst, wo du hinwolltest; wenn du aber alt wirst, wirst du deine Hände ausstrecken und ein anderer wird dich gürten und führen, wo du nicht hinwillst.« Das sagte er aber, um anzuzeigen, mit welchem Tod er Gott preisen würde. Und als er das gesagt hatte, spricht er zu ihm: »Folge mir nach!«*

---
[7] Diese Predigt verdankt sich - einschließlich mancher Formulierung - den beachtenswerten „Johannes-Paraphrasen" von Martin Schmid: Brunnen des Himmels, Stuttgart 1998, S. 114-117. - Das Gedicht von Rudolf Otto Wiemer wird hier zitiert nach Ev. Gesangbuch - Ausgabe Bayern, S. 195 (nach EG 95).

Im Leben wiederholt sich so vieles. Aber wenig scheint sich zu ändern. Oder ändert sich doch etwas? Und wenn ja, wodurch?

Die kälteste Nacht seines Lebens hatte Petrus im Hof des Hohenpriesters Kaiphas verbracht. Kein noch so kräftiges Kohlenfeuer hätte die Kälte vertreiben können, die ihn damals beschlich. Er wollte sich wärmen in der Nacht, während Jesus aus Nazareth drinnen im Haus vor dem Hohen Rat verhört wurde. Doch dann hatten die anderen, die mit ihm am Feuer saßen, gefragt, er sei doch auch ein Anhänger Jesu, einer seiner Schüler, die dem wunderlichen Wanderprediger nachfolgten. Dreimal hatten sie ihn das gefragt. Dreimal hatte Petrus bestritten, mit diesem Jesus irgendetwas zu tun zu haben. Doch eine Magd erkannte ihn an seinem Dialekt, dieses holpernde und stolpernde Sprechen eines unverkennbaren Galiläers. Was sollte ihn jetzt noch wärmen? Jede Nacht stieg dieses Frösteln in ihm auf, ein inneres Schütteln und Schluchzen. Rudolf Otto Wiemer hat Petrus' Nachtgedanken in diese Worte gebracht:

Verdammter Hahn. Jede Nacht / hör ich ihn krähn und schmecke / den Rauch des Wachtfeuers / auf der Zunge. / Und höre die pockennarbige Magd, / die mit den Haarzotteln: / Warst du nicht bei ihm? Und höre mich / sagen: Nein. / Und seh bei der Glut die Soldknechte / würfeln. Und sehe die Hände, die / mich befreiten, / gefesselt.

Nun sitzt Petrus wieder an einem Kohlenfeuer. Und noch etwas wiederholt sich. Wieder hat er gefischt, zusammen mit seinen Freunden. Früh am Morgen, als sie nach erfolgloser Arbeitsnacht schon müde an Land gehen wollen, sind sie noch einmal ausgefahren. Wieder einmal gegen alle Fischervernunft. Doch mit gefüllten Netzen kehrten sie zurück. Wie konnte das geschehen? Einige seiner Freunde zeigten nur auf den Mann am Ufer, der sie geheißen hatte, jetzt am Morgen erneut die Netze auszuwerfen: Er ist es, Petrus, er ist es! Es ist der Herr, Jesus selbst! Der hat schon das Feuer entfacht, an dem sie nun miteinander sitzen, einige Fische braten und gemeinsam essen. Wie früher schon, mehr als einmal. Ist das Leben eine einzige Wiederholung? Auch jetzt, zwischen Tag und Traum? Jetzt, da er Jesu Stimme vernimmt: *Simon, Sohn des Johannes, hast du mich lieber, als mich diese haben?* Jetzt wieder: dieses Zittern, äußerlich vor Kälte, innerlich vor Scham und Trauer. Nun wiederholt sich auch das.

Nicht nur die Erinnerung lässt Petrus zittern. Es ist vor allem diese seltsame Frage. Immer nämlich hatte er den HERRN mehr lieben wollen als diese seine Freunde. Wie oft hatte sich Neid in sein Herz geschlichen, wenn der jüngste von ihnen bezeichnet wurde als *der Jünger, den Jesus lieb hatte*?! Warum sagte das nie jemand über *ihn*, der nun - statt früher ‚Simon' - den Namen ‚Petrus' von Jesus selbst erhalten und bereitwillig angenommen hatte? Im Grunde will er nur geliebt werden und selber lieben, uneingeschränkt bereit sein, IHM nachzufolgen. Doch stets geriet ihm dieser Herzenswunsch so, dass daraus ein Verhalten wurde, als wolle er, Petrus, den HERRN noch mehr lieben als alle anderen, als sei er der Bereiteste, allen anderen voran. Sollte es nun auf ewig nichts anderes geben unter der Sonne als die Wiederholung seiner alten Schwäche, als der Schatten auf seiner Seele, dass er, wenn er lieben will, stets siegen muss?! Ein Schatten, eine Schwäche so vieler Menschen, Männer vor allem. Ein nur selten beherrschter, vielleicht nie ganz beherrschbarer Machtwillen, der Gewalt nur mit Gegengewalt meint beantworten zu können?! Der keinen Unterschied zu machen versteht: zwischen ‚sacrificial', dem Liebesopfer, das sich selbst hinzugeben vermag und zum Opfer wird, und ‚victim', dem Siegesopfer, das andere opfern muss und selbst immer Täter bleibt?!

Für Petrus, für den Jesus das, sein persönliches Gottespfand ist, durch den er sich ganz ergriffen weiß von dem, was, der ihn un-bedingt angeht, kommt gar keine andere Antwort in Frage: *Ja, Herr, du weißt, dass ich dich lieb habe.* Daraufhin erhält er ja irgendwie folgerichtig, beinahe selbstverständlich den Auftrag: *Weide meine Lämmer!*

Doch warum dann diese Wiederholung, dieselbe Frage ein zweites, sogar noch ein drittes Mal: *Simon, Sohn des Johannes, hast du mich lieb?* Er weiß es doch, der HERR weiß es doch! Und so oft er fragt, kann ich ihm nur antworten: *Ja, Herr, du weißt, dass ich dich lieb habe.* Wieder diese Kälte. Wieder diese Trauer. Wieder diese Scham. Wieder dieser krähende Hahn aus jenem kalten Morgengrauen vor Passah. Ist es denn nötig, dass Jesus in dieser Wunde seiner Seele bohrt? Ist es wirklich nötig, Petrus' Gedanken immer noch einmal in sein Versagen zurücksinken zu lassen? Aber es ist etwas Verschiedenes, ein Versagen vergeben zu wissen oder es ganz vergessen zu wollen. Eine Wunde, gerade wenn sie zugewachsen ist, hat eine Narbe. Unser Leib hat ein Schmerzgedächtnis. Wir brauchen es zum Überleben. So braucht auch unsere Seele die Erinnerung, damit wir um die Wunden wissen, die wir innen tragen. Vollständige Heilung ist eine Illusion, die uns krank macht, weil wir dann vergessen, was wir am meisten brauchen: Heil. Und das können wir nur *empfangen*, um Heil können wir nur *bitten*. Im Bitten um, im Hoffen auf Heil zeigt sich, wie es uns schon bestimmt, weil es uns bestimmt ist. Wir erfahren es, wenn wir Gott um Gott bitten (nach Johann B. Metz).

Zurück zu Petrus. Erst beim zweiten und dritten Mal, in der Wiederholung ein und derselben Frage, scheint er zu merken: Petrus wird wieder mit dem Namen angesprochen, der der Name seiner Kindheit ist: *Simon, Sohn des Johannes*.... Gewiss, einerseits wird er seines Ehrennamens, der ihn wie ein Mantel umhüllte, entkleidet: Petrus, der Fels! Ebenso gewiss ist andererseits, dass er keineswegs schutzlos wie ein Neugeborenes am Feuer sitzt, sondern nun so angesprochen ist, wie seine Mutter ihn einst gerufen hatte: *Simon*. So sind die Wiederholungen etwas anderes als die ewige Wiederkehr des Immergleichen: sie sind ein wahrhaftes Wieder-Holen, eine Rückkehr an den Anfang. Für Petrus gibt es also einen neuen Anfang! Und es gehört zu seiner Aufgabe, im Weiden der Lämmer, im Weiden der Schafe mit diesen zusammen in der Kraft neuer Anfänge zu leben und das Evangelium von Jesus Christus als Neuanfang zu verkündigen, als das Anfangen selbst in allen Anfängen.

Eine andere Nacht mit Jesus hatte einst ein anderer Mensch erlebt. Im Schutz der Nacht war der lebenserfahrene Nikodemus zu ihm gekommen mit der Frage, ob denn ein Mensch von neuem geboren werden könne, da keinem Menschen die Rückkehr in den Mutterleib möglich sei. (Johannes 3,1-21) Ja, in der Neugeburt kraft des Evangeliums wird keine Geburt rückgängig gemacht, sondern die Geborenen, die Lebenden werden wieder zurückgeführt zur ursprünglichen Liebe und in diese ursprüngliche Liebe hineingenommen. Sie werden bei dem Namen gerufen, der ihnen voraus ist, aus dem heraus sie zu Personen werden, in dem sie längst Menschen Gottes sind und daraus immer wieder zu ihrem wahren Menschsein zurückkehren, mit ihrem wahren Menschsein anfangen können. Zumal in diesem Sinn bezeichnet Jesus die Menschen, die mit ihm und später für ihn auf dem Weg sind, als seine »Freunde«. (Johannes 15,13f) Ja, hört doch: Statt als elende Sünder bezeichnet Jesus uns als seine guten Freundinnen und Freunde!

Eben zu denen gehört Petrus. Der Name ‚Petrus' steht für die ganze Kirche. In der ja durchaus kindlichen Frage *Simon, ... hast du mich lieb?* werden wir als zuerst Geliebte angeredet und bei unserem Namen gerufen, ja berufen: unseren Erstnamen, die wir trugen, als wir uns noch nicht selbst *gürten* konnten, was zugleich soviel heißt wie einen Mantel anziehen oder die Schuhe zubinden. Mit anderen Worten: Petrus, die Kirche, wir werden erst zu „guten Hirten", wenn wir Jesus Christus, der sein Leben für uns lässt, unseren „Guten Hirten" sein lassen. Dieser Hirtenmantel erinnert an die Berufung des Hirten Davids zum König und bestimmt das Königsamt als Hirtenamt, als Amt der Fürsorge und des Schutzes. (1. Samuel 16) Diesen Hirtenmantel legt Jesus seinem Freund Petrus um - und damit seiner Kirche, uns allen! Jesus beruft keinen Chef, sondern einen Hirten! Der Name ‚Petrus' bleibt grundiert durch den Namen ‚Simon'. ‚Petrus' darf ‚Simon' niemals vergessen, damit er sein früheres Angewiesensein und sein zukünftiges Angewiesenbleiben stets vor Augen hat, gerade wenn er ein Hirte und Hüter sein soll und will! Nur wer es kennt: das Urmenschliche, zu dem Trauer, Scham und Schuld und die Bitte um Vergebung gehören, kann ein „guter Hirte" sein. Ein „guter Hirte" stellt die erlebte und gelebte Güte allen Gütern voran, ja, die Güte ist für ihn das Gute selbst. Nur so wird er der Verpflichtung, die jedem Hirtenamt auferlegt ist, treu bleiben können: Leben zu schützen nach Hirtenart - und zwar das wehrlose und gefährdete Leben zuerst. Zuerst also die *Lämmer*!

Was Jesus nach Johannes 21 dem Petrus in Aussicht stellt, ist zweifellos der Märtyrertod: *...ein anderer wird dich gürten und führen, wo du nicht hinwillst*. Bis zur Hinnahme dieses Äußersten soll Petrus eins werden mit seinem Hirtenamt. Keineswegs soll das, gottlob, jeder Hirte. Das Leiden um Christi willen soll das Äußerste bleiben, eine letzte Grenzerfahrung, an die jemand geführt werden kann und die niemand selbst suchen soll. Aber jeder Hirte, jede Hirtin, die ganze Kirche und alle, die sich ihr zugehörig wissen - sei es als Mutter oder Vater in ihrem Elternamt, sei es in ihrem Beruf, sei es in einem Ehren- oder Hauptamt in der Kirche - sind berufen, sich an Jesus Christus zu orientieren, seine Stimme zu hören: *Folge mir nach!* Gleicherweise ist uns auch als Kirche, als gesamte Christenheit weder der Mantel der Selbstverwirklichung umgelegt noch die Robe der Macht und des besonderen Einflussreichtums, der uns abhebt von anderen. Also kein Führergewand, sondern das schlichte Kleid dessen, der sich von der Stimme Christi führen lässt. Freilich: wohin diese führen will. Allerdings mit der Zusage, die wir in Matthäus 28 Vers 20 hören: *Ich bin bei euch alle Tage bis an der Welt Ende! Jesus* Christus lässt seine Christenheit, seine Kirche nicht verkommen, aber dass es ihr gut gehe - wie es uns in diesem Land unverschämt gut geht - ist ihr ebenso wenig verheißen. Verheißen ist uns einzig sein Dabeisein, sein Mitgehen, sein Beistand. Sich von IHM gesandt zu wissen in ein unbekanntes Land, dem zugewandt, das uns widerfährt: das ist Leben aus Glauben!

Die Christenheit braucht keinen Papst. Das Petrusamt ist unser aller Amt. Jeder Christin, jedem Christen ist durch die Taufe der Hirtenmantel umgehängt, kein anderer als Jesus Christus selbst kann uns *gürten*. Aus biblischen Texten wie unserem heutigen Predigttext irgendeinen Primat des Bischofs von Rom abzuleiten, ist lediglich eine theologische Konstruktion, die für keine Christin, keinen Christen verbindlich gemacht werden kann und sollte. Hat das der neue Papst erkannt, wenn er sich hinfort ‚Franziskus' nennen lässt, sich selbst bisher nur als ‚Bischof von Rom' vorstellt und mit den Insignien der Macht vorsichtig, zurückhaltend umgeht? Dann weist er durchaus beispiel-, ja vorbildhaft auch uns auf die Chance unseres Lebens hin: Welch' eine Gnade es ist, wie Simon Petrus dorthin zurückzukehren, wo wir versagt haben - und dort, inmitten des Schmerzes, der Schuld, der Scham, der Trauer, stets aufs Neue anzufangen und die Aufgabe darin zu erkennen, für den Frieden, das Recht und das Leben selbst einzutreten, zuerst für das Leben, das am meisten gefährdet ist.

Wie hieß es bei Rudolf Otto Wiemer?

Verdammter Hahn. Jede Nacht / hör ich ihn krähn und schmecke / den Rauch des Wachtfeuers / auf der Zunge. / Und höre die pockennarbige Magd, / die mit den Haarzotteln: / Warst du nicht bei ihm? Und höre mich / sagen: Nein. / Und seh bei der Glut die Soldknechte / würfeln. / Und sehe die Hände, die / mich befreiten, / gefesselt.

Behalten wir Petrus-Leute Worte, Erfahrungen wie diese in lebendiger Erinnerung, wird aus jeder Wiederholung ein Wiederholen! Wie Jesus mit seinem strengen und doch gütigen Blick nach Petrus' Verrat ihn wieder zu sich zurückholt. Statt der Kälteschauer ewiger die Wärmeströme seliger Wiederholung! Jesus Christus, unser „Guter Hirte" auch in unserem Scheitern und unserer Scham, ruft uns ins Hirtenamt: Hüter des Menschlichen und des Lebendigen zu sein! Amen.

[8]
„Dieses Kind ist mir ins Herz gesprungen" - Predigt zu Römer 11,29
Ev.-luth. St. Johanniskirche Hannover-Bemerode
24. August 2014 - Israel-Sonntag

Liebe Gemeinde!

Bertolt Brecht: ›Der Kaukasische Kreidekreis‹. In eigenen Worten erzähle ich die Szene mit der alten Magd Grusche und dem Kind in ihren Armen:

Unaufhaltsam rücken die bewaffneten Bauern gegen die Prachtvilla der verhassten Großgrundbesitzer vor. Diese ausbeuterische Familie flieht. Die Frau nimmt ihren teuren Schmuck, ihre kostbaren Kleider mit. Aber zurück lässt sie ihr jüngstes Kind. Es liegt in den Armen der alten Grusche. Eine andere Magd ruft ihr zu, Grusche solle das Kind wegwerfen. Denn die Aufständischen werden es töten – und die alte Grusche gleich mit. Doch die drückt das Kind fest und fester an sich. Sie kennt die Gefahr, aber sie muss das Kind an ihrer Brust bergen: „Es sieht mich an! Das Kind sieht mich doch an!" Ließe die Grusche es los, um ihre eigene Haut zu retten, verlöre ihr Leben seinen Sinn. Grusche verlöre die Liebe. Eher als das *Kind* preiszugeben, gibt sie ihr *eigenes Leben* hin.

Ich danke den Familien Bauer, Schmitt und Helfer, dass ich ihre Kinder im Namen des Christus Jesus segnen durfte.[8] In einem Taufgespräch fiel der Satz, der mir unvergessen sein wird: „Als ich dieses Kind sah, ist es mir sofort ins Herz gesprungen!" Ein wunderbarer Satz. Vergleichbares geschieht uns allen, wenn Kinder wie Linda, Martin und Paulina uns anblicken: Sie springen uns ins Herz. Und die Taufe ist der Ausdruck dafür, dass sie gleichsam auch Gott ins Herz gesprungen sind. Denn in der Hingabe des eigenen Lebens ist Jesus Christus in Gottes Namen für diese Kinder da.

Lassen wir uns vom Antlitz eines Kindes her ansprechen und in Anspruch nehmen, dann ereignet sich Glaube: das Ergriffensein von dem, was uns un-bedingt angeht (Paul Tillich), von dem wir uns berühren, verpflichten lassen um des Lebens und der Liebe willen. Am Kreuz Jesu Lebenshingabe, die tiefste Weise der Liebe! Und Kinder, die uns ins Herz springen! In beidem vernehme ich, was das alte religiöse Wort ›Berufung‹ meint. Es steht in einem der Predigttexte für den heutigen Sonntag. Jetzt nur der Vers 29 aus Römer 11, in der recht guten Übersetzung der BasisBibel 2012: *Denn was Gott aus Gnade geschenkt hat, das nimmt er nicht zurück. Und wen er einmal berufen hat, der bleibt es.*

In der Taufe wird ausdrücklich, wie Martin, Paulina und Linda von Gott zum Leben *ge*rufen und zum Glauben, Hoffen und Lieben *be*rufen sind. Und was auch immer ihnen widerfahren mag, dieses Ja Gottes – nichts und niemand kann es ihnen nehmen!

---

[8] Aufgrund verschiedener gemeindlicher Umstände und Bitten der Familien wurden in diesem Gottesdienst zum ›Israel-Sonntag‹ drei Kinder getauft. Die Namen der Tauffamilien wurden geändert. Denn in einer Familie, aus der die Worte „Das Kind ist mir ins Herz gesprungen." stammen, gab es einen nicht von der Tauf-, d. h. Pflegefamilie zu verantwortenden äußerst schwierigen Hintergrund: Aufgrund seiner schweren Erkrankung wurde das Kind weder von der Ursprungsfamilie angenommen noch seine Aufnahme vom weiteren Umfeld der Pflegeeltern, die bereits erwachsene Kinder haben, voll akzeptiert. Auch der Hinweis auf Bertolt Brecht verdankt sich einem der Taufgespräche. Es kam in diesem Gottesdienst also besonders viel zusammen, sodass die ‚liturgisch-homiletische Aufgabe' als ‚unmöglich' charakterisiert werden dürfte. Zumal in Anbetracht der sich im Nahen Osten immer mehr militärisch zuspitzenden Lage (Bomben auf Gaza und Tel Aviv; Vormarsch der ISIS-Banden; Bürgerkrieg in Syrien; Zerbrechen des Irak als Staatswesen; Ebola-Epidemie), was auch Thema der Taufgespräche war, musste die Predigt einen politischen Akzent haben, was, wie sie mir gegenüber äußerten, die Tauffamilien als durchaus angemessen empfanden, da „unsere Kinder ja nicht in eine sorgenfreie Welt hineingeboren sind". Zugleich wurde auf ausdrücklichen Wunsch der Taufeltern gemeinde- und kindgerechtes Liedgut gesungen. Für die spontane Bildung einer mit Gitarre begleiteten Schola danke ich Ursula Paesler, Laura Matschke und Gabriele Schliep, für die Orgelmusik Rosi Lange in Vertretung der Kantorin.

Wer auch immer sie ihnen absprechen wollte, ihre Würde, im Namen Jesu Christi bestätigt und so gegründet – nichts und niemand kann sie ihnen rauben! In diesem Sinn als Eltern, Paten, Familie und Gemeinde einzutreten für diese und alle Kinder, die wir kennen, dazu sind in der Taufe auch wir berufen. *Und wen Gott einmal berufen hat, der bleibt es.* Das drücken auch die Taufsprüche aus:

*Ich will dich segnen, und du sollst ein Segen sein.* PAULINAS Taufwort aus 1. Mose 12 Vers 2 war zuerst Abraham gesagt, als er mit seiner Frau Sarah aus seiner alten Heimat heraus- in ein neues Land hineingerufen wurde. „Vertraut den neuen Wegen, auf die der Herr uns weist..." (EG 395). Möge PAULINA auch darin gesegnet sein, dass sich ihr im Sinne dieses neuen Gesangbuchliedes immer wieder neue Möglichkeiten und Wege auftun und sie diese beschreitet. Möge sie im eigenen Gottvertrauen fest und fester werden und zugleich die Achtung vor denen, die anders glauben, bewahren und bewähren. Ich will, liebe Petra, lieber Martin, Eurer noch kleinen PAULINA nicht zuviel aufbürden. Gleichwohl wäre solcher Umgang miteinander ein Beitrag der ›Abrahamitischen Religionen‹ Judentum, Christentum und Islam zum Frieden, ein Ausdruck empfangenen und weitergegebenen Segens.

*Sei mutig und entschlossen. Lass dich durch nichts erschrecken und verliere nie den Mut; denn ich, der* HERR, *dein Gott, bin bei dir, wohin du auch gehst.* MARTINS Taufwort aus Josua 1 Vers 9 war zuerst diesem ganz jungen Mann gesagt. Als Nachfolger des sterbenden Mose war Josua berufen, das Volk Israel die letzte schwere Wegstrecke aus der Knechtschaft in Ägypten und der Qual der Wüstenwanderung in den offenen Raum des gelobten Landes zu führen. Möge MARTIN den Glauben als Ermächtigung zur Freiheit in Verantwortung ergreifen! Freiheit in Verantwortung ist gegründet im „Mut zum Sein" (Paul Tillich): im Glauben, aus dem heraus die Hoffnung stets eine Spur stärker ist als die Furcht, in der Liebe, die das Anderssein der Anderen als gute Gabe erkennt und so das eigene Leben umso tiefer als Gottesgeschenk gestaltet, mit anderen, für andere.

*Denn Gott hat seinen Engeln befohlen, dass sie dich behüten auf allen deinen Wegen.* LINDAS Taufwort aus Psalm 91 Vers 11. Seiner unauslotbaren Tiefe, seinem wirksamen Trost, ja, auch seiner Schönheit hat Felix Mendelssohn Bartholdy (1809-1847) im Wohlklang seines Chorstücks im Oratorium „Elias" Ausdruck verliehen. Wie die Eltern, Patinnen und Paten und die Familien auch der beiden anderen Kinder hier sehe ich Sie, liebe Familie von Esmarch, als solche behütenden und sorgenden *Engel* für LINDA. Mögen LINDA auf ihrem Lebensweg stets solche behütenden *Engel* begleiten. Sie selbst ist jetzt schon ein *Engel* für andere Menschen, wie ich es selbst in der ersten Begegnung mit ihr erfahren habe.

Nun, liebe Gemeinde, darf ich mich vor dem zweiten Teil der Predigt nicht drücken. Heute ist, wie eingangs erwähnt, auch der ›Israel-Sonntag‹. Um dieses Datum herum – im jüdischen Kalender der Fastentag TISCHA BEAW – gedenken die Juden der Zerstörungen des Jerusalemer Tempels, zuletzt durch die Römer im Jahr 70 nach Christus.

Vom Jerusalemer Tempel steht heute nur noch die ›Klagemauer‹. Damit sind wir mittendrin in all dem religiösen Streit und den politischen Verwicklungen in Palästina. Dazu am Schluss noch einige vorläufige Gedanken. Jetzt konzentriere ich mich erst einmal auf einen theologischen Aspekt: Der Apostel Paulus hatte kraft einer unerwarteten, umwerfenden Christus- als Licht-Erscheinung seinen jüdischen Glauben und Namen „Saulus" abgelegt. Doch wenn er jetzt Jesus als seinen Christus bekennt, als Messias, in dem Gott auf ganz neue Weise gegenwärtig ist, was ist dann mit dem Glauben der Juden, aus dem er, Paulus selbst, kommt? Ist ihre ›Berufung‹ erloschen?

Das war auch in der Gemeinde in Rom eine wichtige Frage. Dort lebten viele Christinnen und Christen, die wie Paulus selbst eine Lebenswende vom jüdischen zum christlichen Glauben erfahren hatten. Darum geht Paulus in seinem ›Brief an die Römer‹ der Frage nach dem rechten Verhältnis von Christen und Juden nach. Seine Antwort vereinfache ich jetzt: Gott ist der Eine und Derselbe. Er lässt uns Christen zwar eigene Erfahrungen des Glaubens, Hoffens und Liebens machen, die unmittelbar an Jesus Christus gebunden sind. Aber kraft Gottes Treue ist der Glaube der Juden, der sich an Moses und die Propheten gebunden weiß, keineswegs wertlos geworden. Ja, der jüdische ist gerade für den christlichen Glauben von bleibend-unverzichtbarem Wert. *Denn was Gott aus Gnade geschenkt hat, das nimmt er nicht zurück. Und wen er einmal berufen hat, der bleibt es.*

Den Menschen jüdischen Glaubens gelten unverrückbar und ungeschmälert die Verheißungen Gottes, bis Gottes Wort und Weisung, bis Vergebung und Versöhnung sich vollends durchgesetzt haben in dieser schwierigen, störrischen Menschheit. Damit widerspricht der vom Licht Christi überwältigte Paulus allen, die aus den Unterschieden zwischen Christentum und Judentum Wert- oder eben Unwerturteile ableiten wollen. Ihre ›Berufung‹ unterscheidet sich im Grunde nur darin: In jüdischer Sichtweise kommt der Messias erst noch, in christlicher Sicht ist der Messias – griechisch: Christus – schon gekommen in Jesus von Nazareth.

Doch entgegen den Aussagen des Paulus wurde in dem Jahrhunderte lang behaupteten scharfen Gegensatz zwischen Kirche und Synagoge die christliche ›Berufung‹ verleugnet. Umso mehr sind wir heute gefordert, Paulus ernst zu nehmen und uns jede Form von Antijudaismus und Antisemitismus verboten sein zu lassen! Die christlichen Kirchen tragen eine Mitschuld an den Nazi-Verbrechen an den Juden. In extremer, industriell organisierter Inhumanität wurde Jesus millionenfach gekreuzigt. Denn Jesus, unser Christus, war Jude! Darum müssen wir, wenn Rechtsradikale ihr freches Haupt erheben, ihnen entgegentreten. Denn das Kreuz, an dem Jesus für uns starb - unser Kreuz hat *keine* Haken! Ohnehin gibt es in unserem Land – außer als polizeiliche Maßnahme - für Gewalt keinerlei Rechtfertigung, weder von Rechts- noch von Linksradikalen.

An diesem Tag mögen Sie es mir nachsehen, manche werden es sogar erwarten, wenn ich zum Schluss etwas zur aktuellen Lage im Nahen Osten sage. Sie ist durch die Angriffe auf Gaza *und* auf Tel Aviv verzwickter, verworrener denn je. Umso mehr sind einige Klarstellungen nötig:

▷ Es ist strikt zu unterscheiden zwischen den Menschen jüdischen Glaubens, von denen die allermeisten keine israelischen Staatsbürger sind, und dem Staat Israel.

▷ Dieser Staat Israel hat ein Existenzrecht.

▷ Die Palästinenser haben ein Recht auf einen eigenen Staat.

▷ Die demokratischen Rechte schließen das Recht auf Kritik an der israelischen Politik *ein*, aber das Recht auf antijüdische oder antisemitische Parolen *aus*.

▷ Und ein Letztes im Blick auf den Nordirak: Die letzte Friedens-Denkschrift der Ev. Kirche in Deutschland (2007) setzt an die Stelle der so oft als Kriegsrechtfertigung missbrauchten Lehre vom ›Gerechten Krieg‹ nachdrücklich das Modell des ›Gerechten Friedens‹. Aber als „ultissima ratio", wenn Menschen unmittelbar an Leib und Leben bedroht sind - wie jetzt Muslime, Jeziden und Christen - und auf keinem anderen Weg die Mindestvoraussetzungen für Frieden geschaffen werden können, darf aufgrund internationaler Vereinbarung dem Terror mit Waffengewalt gewehrt werden. Dann aber beginnt erst die eigentliche Friedensarbeit. Nur der Waffeneinsatz schafft keinen Frieden - und Schuld ist immer dabei.

Wird es jemals Frieden geben? Wir sind so erschrocken, so verstört, so ratlos. Die Nester des Hasses werden an immer mehr Stellen sichtbar, die Hölle des Terrors öffnet ihren Schlund in immer mehr Gebieten, die Brandherde voller Brutalität fressen sich durch immer mehr Orte und Länder.

Wer hat eine Lösung? - - -

Wer wollte, andererseits, garantieren, dass es keine Hoffnung gibt? - - -

Ich hoffe, dass uns und allen, die mit uns diese Erde bewohnen und sie den ihnen nachfolgenden Generationen als bewohnbar übergeben wollen, die Kinder und mit ihnen im Grunde jeder Mensch, „ins Herz springen"! Wie es ja auch immer wieder unter uns geschieht! Dann wissen wir, wozu wir berufen sind: zur Würde, zur Gnade, zur Freiheit, zur Verantwortung, zur Vergebung, zur Versöhnung, zum Frieden, zum Recht, zum Leben selbst! Amen.

[9]
„Was hoffen wir, wenn wir hoffen? –
Biblische Visionen als Inspiration für unsere Hoffnung" -
Predigt zu Offenbarung des Johannes 5,1-14 - Wulsbüttel
10. November 2013 - Drittletzter Sonntag des Kirchenjahres[9]

Liebe Freundinnen und Freunde!
(1) Bitte schließt einmal kurz die Augen. Nicht weil wir den Sonnenschein verschmähen, der in diesen dunkleren Tagen gerade durch unsere Fenster scheint und uns wunderbar in sein Licht taucht. Sondern nur um Euch kurz zu erinnern, wie es war in der letzten Nacht.

Euch, so vermute ich, wird es so gehen wie mir: In der Nacht kommen die Bilder. Bilder, die du nicht abschalten kannst. Bilder, gegen die du machtlos bist. Bilder, die uns im unruhigen Schlaf überfallen. Und die uns plötzlich aufwachen lassen. Dann ist um uns das Dunkel, und doch sind wir hellwach. Bilder der Angst. Bilder der Hoffnung. Bilder der Schuld. Bilder des Glücks.

Bilder zwischen Traum und Tag haben wir gestern von Jacques Gassmann in seinem „Apokalypse"-Zyklus angeschaut. Er hat mir erzählt, wie seine Träume in seine Bilder, gemalt mit weißer Asche und schwarzer Tinte, eingeflossen sind.

In der Nacht kommen die Bilder. Wie aus Weltbruchstücken formen sich bizarre Gebilde. Da finden wie auf einem surrealistischen Gemälde Dinge zueinander, die bei Lichte besehen nicht zusammengehören. Ereignisse und Zeiten fließen ineinander

---

[9] Diese Predigt wurde in der Freizeitstätte Wulsbüttel im „Apokalypse"-Seminar des ›Kreises jüngerer Ehepaare der Ev.-luth. Kreuzkirche Bremerhaven‹ mit dem „Apokalypse-Zyklus" von Jacques Gassmann gehalten. – Aus der Fülle der Literatur seien hier genannt: Klaus Wengst: »Wie lange noch?« Schreien nach Recht und Gerechtigkeit - eine Deutung der Apokalypse des Johannes, Stuttgart 2010; Peter Hirschberg: Sehend werden, Leipzig 2013. – Der gehaltenen Predigt folgten die Verse „Ich seh' ein Land mit neuen Bäumen..." von Hanns Dieter Hüsch: Das Schwere leicht gesagt, hg. von Uwe Seidel, Freiburg i. Br., S. 140.

wie die berühmten zerfließenden Uhren auf den Gemälden Salvador Dalís. In Offenbarung 5, der ›Thronsaalvision‹, über die wir gestern schon kurz gesprochen haben, sind es ein Thron, ein Buch mit sieben Siegeln, ein Lamm. Dazu das Weinen und die Tränen der Verfolgten, der siegreiche Löwe aus Juda, die Wurzel Davids.

In der Nacht kommen die Bilder, da öffnen sich Welten, die du noch nie betreten hast, Himmel, Erde und Unterwelt. Du fährst durch Räume und Zeiten, für die sich in keinem Reisebüro der Welt ein Bahn- oder ein Flugticket buchen lässt.

Bilder der Nacht. Was wird aus ihnen, wenn der Morgen graut? Waschen wir sie uns mit dem Schlaf aus den Augen? Legen wir sie ab wie ein altes, unbrauchbares Kleid, ungeeignet für den Tag, der seine eigenen Sorgen hat? Oder nehmen wir sie mit hinein in eine neue Woche?

(2) Johannes, dem Seher von Patmos, überfielen die Visionen, nachdem er die Schriften der Propheten Jesaja, Ezechiel, Sacharja genau gelesen hatte. Was er gelesen und geschaut hatte, konnte und wollte er nicht abschütteln wie lästiges Gepäck. Denn hinter diesen Bilder-Kaskaden stand das Weinen, das Leiden, das Blut jüdischer und christlicher Märtyrer aus den Tagen der Bedrückung: Vielleicht zur Zeit des römischen Kaisers Domitian. Vielleicht aus dem Rückblick auf die Zerstörung Jerusalems im Jahr 70 n. Chr. Vielleicht in einer Vorahnung auf die Hadrians-Zeit um 130 n. Chr. Dass wir das nur ungenau wissen, spielt im Grunde keine Rolle. Denn zu allen Zeiten, unter allen Imperien und Alleinherrschaftssystemen hat es Ereignisse mit solchen Bildern gegeben, die - Gott sei's geklagt - nicht nur Träume geblieben sind. Das alles ist noch heute mehr als surrealistisch.

Auch wenn er viel weniger grausam gewesen sein mag als geschildert, ließ sich Kaiser Domitian in Rom (81-96 n. Chr.) wie seine Vorgänger als *Dominus et Deus* verehren. Ein sterblicher Kaiser als Herr und Gott! Der Kaiserkult florierte - damit auch das Geschäft florierte, auch das mit der Religion. Noch heute lässt sich Domitians Selbstdarstellung auf einem Obelisken an der Piazza Navona in Rom besehen. Da wird er gepriesen als »vollkommener Gott«, als »Erbe des Vaters der Götter«, der »das Land füllt mit seiner Nahrung«. Nahezu alle Kaiser ließen sich Tempel errichten mit Kolossalstatuen von ihrer eigenen Person. *Dominus et Deus*, Herr und Gott, das göttliche Kind auf dem Schoße Jupiters, den sie zu ihrem Vater erklärten. Der Sohn Jupiters muss dann auch als Jupiter (griech.: Zeus), als höchster Gott gelten.

Wer wagt es, diesem Anspruch entgegen zu treten? Wer beugt da nicht das Haupt und die Knie vor der Macht dieses »Gottes«? Wer wirft sich nicht vor ihm zur Erde? Wer widersteht? In Kleinasien war es sogar so, dass die Städte sich gegenseitig den

Rang abliefen: Wer hat den größten Tempel? Wer darf die monumentalste Kaiserstatue auf den Marktplatz stellen? Häufig war es keine erzwungene Verehrung und Anbetung, sondern eine selbstgewollte des ›Koinon‹, der Stadtgemeinschaft. Der Kaiserkult als Kitt für den ökonomischen und politischen Zusammenhalt des Gemeinwesens. Wer diesen Kitt an- und abkratzte, war von Handwerk und Handel ausgeschlossen.

Gleichwohl, es gab solche, die sich verweigerten. Juden und Christen, die das alte Wort vom Sinai im Herzen trugen: *Ich bin der Herr, dein Gott, der dich aus Ägyptenland aus dem Sklavenhaus geführt hat. Du sollst keine anderen Götter haben neben mir.* (5. Mose 5,6f) Weil sie dem Sklavenbefreier vom Sinai allemal mehr gehorchten als dem kaiserlichen Sklavenhalter - dem, der er aus eigenem Antrieb war, und dem, zu dem man ihn machte und deshalb sich selbst versklavte - deswegen landeten Hunderte und Tausende von ihnen in die Arenen und ließ sie vor dem johlenden, gaffenden, brüllenden Mob von wilden Tieren zerreißen.

Das war die Nacht der christlichen Gemeinden in Kleinasien, an die Johannes seine Sendschreiben schrieb. Verschlüsselte und doch für alle verständliche Botschaften, verschickt von einem auf die Insel Patmos verbannten Propheten. Literatur in der Sprache der Nacht, aus der die Bilder kamen, die sich nicht aus den Augen waschen und auch nicht einfach abschütteln ließen. Bilder von den Mythen einer unkontrollierten Macht, die sich ihre Legitimation selbst meint geben zu können. Legitime, kontrollierbare Macht ist ja nötig. Aber die andere Macht muss sie wohl hervorrufen: die Bilder vom Tier aus dem Abgrund und von denen, die sich ihm widersetzten; eingepfercht in den Dunkelzellen der Jahrhunderte, hingemordet in den Gefängnissen und Lagern der Diktatoren. Zugrunde gerichtet in den Bauxit-Bergwerken und Goldminen Afrikas, vertrieben vom eigenen Land beim ‚landgrabbing' in Südamerika. Das Tier aus dem Abgrund fordert immer weitere Opfer. Wir denken in diesen Tagen an das gezielte Niederbrennen der Synagogen am 9. November 1938 und das gewollte Herausstoßen der Juden aus dem Wirtschafts- und Kulturleben Deutschlands. Die Fleischerhaken in der Hinrichtungsstätte Plötzensee, an denen die Männer vom 20. Juli starben. Der Galgen in Flossenbürg, an dem am 9. April 1945 Dietrich Bonhoeffer sein Ende fand. Wozu diese Geschichte und diese Geschichten? Wie lange müssen wir noch warten (Off 6,10)? Wann kommst du, Gott, zum großen Weltgericht? Mit Johannes, dem Seher von Patmos rufen wir zu dir: *Amen, ja, komm Herr Jesus!* (Offenbarung 22,20) Damit die Nacht dem Tag weicht.

(3) In der Nacht kommen die Bilder. In der Nacht kommen die Fragen. *Wer ist es wert, zu öffnen das Buch und seine Siegel zu lösen?* Das Buch mit den sieben Siegeln! Was steht darin geschrieben? Birgt es das Geheimnis der Geschichte? Birgt es das Geheimnis der unendlich vielen Opfergeschichten, die - ich wage es kaum zu sagen - Gottes dunkles Geheimnis bleiben? Warum muss sich Gottes Reich so mühsam durch die Reiche dieser Welt hindurcharbeiten? Warum steigt das große Tier immer von Neuem aus dem Abgrund herauf? Wozu all das Blut und all die Tränen? Wer bricht die Siegel des Buches? Wer tut uns sein Geheimnis kund? Wer steht verzeichnet in diesem Buch? Die Opfer, die Täter? Die, die uns bekannt sind? Und die, von denen nur Gott etwas weiß? Die Opfer, deren Tränen keiner sah, die Täter, deren Schuld bis zum heutigen Tage ungesühnt geblieben ist? Und wozu gehören wir: zu den Tätern oder zu den Opfern? Oder sind wir beides zugleich? Sind diese Worte überhaupt geeignet auszudrücken, was sie bedeuten sollen?

Das Buch des Lebens - wenn es auch das Buch der Geschichte ist: Steht da auch dein und mein Name verzeichnet? Steht da meine Geschichte geschrieben: die Geschichte, die ich erinnere, und die Geschichte, von der ich noch gar nichts weiß? Die Geschichte, die erst noch auf mich zukommt, die noch verborgen ist im Dunkel der Nacht, im Dunkel der Zeit? Wer ist es wert, die Siegel des Buches zu brechen? Wer weiß um das Geheimnis der Geschichte und deiner und meiner Geschichten? Was kommt da noch auf uns zu, auf unsere Kinder, unsere Enkel? Wer kommt da auf uns zu?

*Und ich weinte sehr, dass niemand für wert befunden wurde, das Buch zu öffnen und hineinzublicken.* Im Uneinsehbaren, Unlesbaren, Unhörbaren widerfährt dem Seher Johannes eine Stimme: *Weine nicht!* Ein hoher Anspruch, eine scharfe Alternative: Wenn dich das Tier aus dem Abgrund in die Arena schleift, weine nicht! Wenn dir die Bilder der Opfer vor Augen treten, weine nicht! Wenn dich die Gedanken an die Täter quälen, weine nicht! Wenn die Sorge um deine Kinder auf dir lastet, weine nicht! Manchmal reichen sie aus, diese beiden Worte des Trostes: *Weine nicht!* Manchmal verhindern sie, dass die Bilder der Nacht übermächtig werden. Dass du über das Ende des Kirchenjahres hinausblickst in den Advent, ins neue Kirchenjahr.

Aus dem Seher Johannes, der so genau liest, wird ein Seelsorger Bedrückter und Bedrängter. Er bricht die Macht der dunklen Bilder durch ungewöhnliche Gegenbilder. Dem Tier aus dem Abgrund stellt er den siegreichen Löwen von Juda in den Weg. Aus der Wurzel Davids, die die Römer glaubten, mit Stumpf und Stil ausgerottet zu haben, ging ein Reis hervor. Christus, das geschlachtete Lamm, das den Schnitt des Schächters noch am Halse trägt. Er empfängt das Buch des Lebens.

Bilder, die uns fremd sind, Weltbruchstücke. Doch vielleicht bedürfen wir der fremden und bizarren Bilder, weil wir uns viel zu fest eingerichtet haben in unseren Sehgewohnheiten. Noch bannen die Bilder des Vergangenen unseren Blick. Noch lassen wir uns imponieren vom großen Tier aus der Tiefe. Noch sitzen die Tyrannen auf ihrem hohen Ross und lassen sich als *Dominus et Deus* ausrufen, da verstellt ihnen ein anderer den Weg, das Lamm, der Christus: *Er ist sanftmütig und reitet auf einem Esel.* Oder mit Jochen Klepper, der angesichts der Tyrannei mit seiner jüdischen Frau und Tochter von selbst in den Tod ging, um „Schlimmerem" zu entgehen: »Dem alle Engel dienen, wird nun ein Kind und Knecht.« (EG 16)

(4) In der Nacht kommen die Bilder, nach dem uns in diesen Wochen bevorstehenden Totengedenken zu Kirchenjahresbeginn auch die Bilder des Advent. Wir warten auf sie wie auf einen neuen Morgen. Bilder, die den Tyrannen den Abschied geben. Bilder vom sanftmütigen König der Barmherzigkeit, der statt hoch zu Ross tief zu Esel durch Jerusalems Tore einreitet. Bilder vom Kind, geboren in der Nacht von Bethlehem, in Windeln gewickelt in einer Krippe. Das Lamm, das zur Schlachtbank ging, Christus am Kreuz, das offene Grab.

Bitte schließt noch einmal die Augen und stellt Euch die Fenster neben dem Altar in der Kreuzkirche vor: Bilder vom Leben, seiner Gefährdung durch Sturm und Wellen und seiner Rettung dort, wo aus der Krippe das Kreuz wächst. Bilder, die von außen betrachtet, schemenhaft und dunkel bleiben, die jedoch von innen leuchten. Auch diese Bilder sagen: *Weine nicht.*

Verstörende Bilder sind im Grunde auch diese. Denn sie halten sich nicht an die Spielregeln unserer Welt. Bilder von der Kraft des Lammes, vom Leben, das dich trägt inmitten einer Welt des Todes. Bilder, die uns fremd sind und voller Geheimnisse wie das Buch mit sieben Siegeln. Aber das Lamm hat die Siegel gebrochen. Sieben Siegel, für jeden Tag der kommenden Woche eines. Wir öffnen sie wie die Kinder die Türen in ihrem Adventskalender. Wir schlagen auf und lesen:

• Das erste Siegel ist das Siegel der Angst. *Christus spricht: In der Welt habt ihr Angst; aber seid getrost, ich habe die Welt überwunden* (Johannes 16,33).

• Das zweite Siegel ist das Siegel der Sorge: Christus spricht: *Sorget nicht, denn der morgige Tag wird für das Seine sorgen* (Matthäus 6,34).

• Das dritte Siegel ist das Siegel der Gerechtigkeit. Christus spricht: *Trachtet zuerst nach dem Reich Gottes und nach seiner Gerechtigkeit, so wird euch das alles zufallen* (Matthäus 6,33).

- Das vierte Siegel ist das Siegel der Barmherzigkeit. Christus spricht: *Seid barmherzig wie auch euer Vater barmherzig ist* (Lukas 6,36).
- Das fünfte Siegel ist das Siegel des Glaubens. Christus spricht: *Dein Glaube hat dir geholfen* (Matthäus 8,22).
- Das sechste Siegel ist das Siegel der Liebe. Christus spricht: *Das ist mein Gebot, dass ihr euch untereinander liebt, wie ich euch liebe* (Johannes 15,12).
- Das siebte Siegel ist das Siegel des Lebens. Christus spricht: *Siehe, ich lebe und ihr sollt auch leben* (Johannes 14,19).

Mit dem Seher von Patmos rufen wir: *Amen, ja, komm Herr Jesus.* Komm in unsere Nacht.

In der Nacht kommen die Bilder, Bilder vom Buch mit den sieben Siegeln, das ein Buch des Lebens ist. Darum finde ich es genial, wie Jacques Gassmann in seinem ›Apokalypse-Zyklus‹ das letzte Bild zum Neuen Jerusalem, der Stadt Gottes (Offenbarung 21f), weiß gelassen hat. Dieses große Hoffnungsbild: weiß mit kleinen farblosen Kristallen! So haben unsere eigenen Bilder, unsere persönlichen Lebenswünsche ihren Platz.

Amen.

[10]

## »Das Opfer des Abraham« - 1. Mose 22,1 bis 19

### 1. Einführung[10]

*Jener Mann war kein gelehrter Exeget, er konnte nicht Hebräisch; hätte er Hebräisch gekonnt, dann hätte er vielleicht die Erzählung und auch Abraham leicht verstanden.*

So bemerkt ironisch Sören Kierkegaard am Schluss des Abschnitts STIMMUNG in seiner Schrift ›Furcht und Zittern‹. Doch unabhängig von vorhandenen wie mangelnden Hebräischkenntnissen geht es den allermeisten Menschen wie mir: Weder verstehe ich die Erzählung noch Abraham, geschweige denn, wie und was in Gen 22,1 bis 19 von GOTT erzählt wird. Vielmehr steigert der hebräische Text selbst, je genauer er gelesen wird, die Sprödigkeit und Befremdlichkeit, die Abgründigkeit und Unergründlichkeit des Erzählten. Die Erzählung Gen 22,1 bis 19 dürfte die rätselhafteste von den keineswegs wenigen rätselhaften in der Bibel sein und bleiben. Sie gibt mir keine Ant-

---

[10] Der folgende Text beruht auf einem Referat, das ich am 5. und 12.12.2013 in dem Philosophischen Seminar ›Sören Kierkegaard: Furcht und Zittern‹ (Dozent: Dr. Karl-Friedrich Kiesow) an der Leibniz-Universität Hannover gehalten habe (Gasthörenden- und Seniorenstudium). Ausdrücklich erbeten war eine möglichst gründliche historisch-kritische Auslegung, wie sie heute in der Bibelexegese üblich ist. Dieser Anspruch konnte allerdings nur teilweise eingelöst werden, u. a. weil es notwendig war, die des Hebräischen unkundigen jüngeren und älteren SeminarteilnehmerInnen im Alter von 20 bis 80 Jahren in bestimmte Eigenheiten dieser Sprache einzuführen. Eine solche Einführung war Teil von Abschnitt 1, wurde aber für den vorliegenden Abdruck weggelassen. Aus dem Zusammenhang mit dem Lektüre- und Diskussionsstand im Kierkegaard-Seminar bis zum 5.12.2013 ergibt sich der Abschnitt 5. Da ein Teil der SeminarteilnehmerInnen auch das ebenfalls von Dr. Karl-Friedrich Kiesow gehaltene Philosophische Seminar zu Arnold Metzgers Werk »Freiheit und Tod« besuchten, wird auf diesen zu Unrecht nahezu vergessenen Münchener Philosophen, einem Freund von Ernst Bloch, mehrfach Bezug genommen. Zum für die SeminarteilnehmerInnen bestimmten Literaturverzeichnis (im Folgenden [LV]) gehörten zahlreiche Werke von und über Sören Kierkegaard. Aus Platzgründen werden diese in dem hier beigegebenen Literaturverzeichnis nicht mit aufgeführt. Ebenso habe ich für die vorliegende Veröffentlichung den Anmerkungsapparat stark entlastet, sodass viele Zitate oder Paraphrasen hier oft nur mit dem Autorennamen in Klammern gekennzeichnet sind. Die Kundigen werden dem Literaturverzeichnis zu entnehmen wissen, welchen AutorInnen ich besonders viel verdanke, wobei ich an erster Stelle Jürgen Ebach nennen muss. Dem im Seminar ausgehändigten Text waren zahlreiche Bilder und Zitate aus der Kunst- und Literaturgeschichte beigegeben, auf die in der hier vorliegenden Veröffentlichung aus technischen und urheberrechtlichen Gründen verzichtet werden musste; eindrucksvolle Bilder von Rembrandt zu Gen 22 finden sich bei Gerhard von Rad [LV 34.]. Mir steht ein anderes Bild am deutlichsten vor Augen: Marc Chagall: Abraham hat seinen Sohn Isaak gefesselt (siehe Chr. Goldmann: Kinder entdecken Gott mit Marc Chagall, Göttingen / Freiburg i. Br. 1978, S. 24). - Bei der hebräischen Umschrift ins Deutsche verwende ich eine äußerst vereinfachte Form, die den Lesemöglichkeiten der SeminarteilnehmerInnen angepasst war. - Statt 1. Buch Mose wird durchgehend der Fachausdruck ›Genesis (Gen)‹ verwendet. Allerdings ist meine Schreibung von Namen nicht immer einheitlich. - Das folgende Zitat aus Sören Kierkegaard: ›Furcht und Zittern‹, übersetzt von Liselotte Richter, S. 11.

wort auf meine Fragen, sondern stellt unbarmherzig Fragen zu meinen Antworten, zu dem, was mir vertraut, selbstverständlich, ethisch und theologisch vertretbar zu sein scheint. Oder will die Bibel gerade so gelesen werden: Als Frage zu unseren Antworten statt als Antwort zu unseren Fragen? Immer wenn ich sie, dem Ansatz des Bochumer Bibelexegeten Jürgen Ebach folgend, in diesem Sinn zu lesen und zu deuten versucht habe, hat sie mich angesprochen, auch wenn sie mir oder ich ihr widersprochen habe. *So* war und ist mir das Bibelstudium ein „Gewinn".

Dabei habe ich erfahren, dass ein biblischer Text wahr ist, weil ein anderer biblischer Text, der ihm widerspricht, auch wahr ist. In der Bibel gibt es ja zu fast jedem Thema mindestens zwei Erzählungen und Aussagen. Denn sie ist kein systematisches Lehrbuch für Philosophie, Theologie oder Ethik, sondern – abgesehen von einigen Gesetzeskorpora – ein Lebensbuch mit lebensvollen Geschichten, die ebenso quirlig und verquer sind wie das Leben selbst. Die Bibel enthält keine Lehre über das Sein, keine Lehre über Gott, keine Lehre über den Menschen, keine Lehre über das gute Leben, keine Lehre über das, was wir ‚Moral' nennen. Doch sie erzählt von unterschiedlichen, gelingenden oder misslingenden Beziehungen, aus denen in der Weisheitsliteratur (z. B. Sprüche und Prediger Salomo) gewisse Lebensregeln abgeleitet werden. Wo wir denken, sie spräche von ‚Sünde', klärt sie auf über die Folgen der Freiheit, die mit der Scham und dem Schmerz beginnen. Und so unpassend wie das Leben, so unpassend ist auch, wie und was in der Bibel erzählt wird von GOTT. Wovon ich spreche, hat Niels Bohr im Blick auf die Quantenphysik sinngemäß so gesagt: „Das Gegenteil meiner Wahrheit kann ebenfalls eine tiefe Wahrheit sein." So wird in vielen biblischen Schriften erzählt vom Leben zwischen GOTT und GOTT, ja von der Kunst, *gegen* GOTT zu glauben, nicht nur in der Hiob-Dichtung. Schließlich bedeutet »Israel« ja: „Gottesstreiter" (nach Gen 32,29: Jakobs Kampf am Jabbok). Und in der Bibel ist „Glauben" nirgendwo Glauben *an* Gott, sondern nur Glauben *in* Gott, wie es im Hebräischen tatsächlich heißt.

Eine weitere Vorbemerkung ist nötig: Wo Christen vom „Opfer Abrahams" sprechen, sprechen Juden von der „Bindung Isaaks" bzw. „Fesselung Isaaks": ›aqedat Jizchak‹ bzw. ›aqedah‹. Diese andere Benennung spiegelt ein spezifisch anderes Verständnis von Gen 22, wie es dem Christen Kierkegaard vertraut war. Dieses jüdische Verständnis ist im Blick auf den angebrachten Respekt vor dem Judentum und seiner jahrtausendelangen und gerade in ihren untereinander kontroversen Meinungen nicht hoch genug zu würdigenden rabbinischen Auslegungstradition zur Geltung zu bringen! Dazu weiß ich mich verpflichtet, weil ich dafür zutiefst dankbar bin, mich als

Nicht-Jude mit der Hebräischen Bibel, dem „Tanach", beschäftigen zu dürfen. Denn nach dem ‚Holocaust', dem ‚Ganzopfer' - ein Wort, das just in Gen 22 seinen Ursprung hat - sind mir Scheu und Ehrfurcht vor dem jüdischen Schrifttum und den Menschen, denen wir es verdanken, unbedingt geboten und aufgetragen. Darum wird seit einiger Zeit in der christlichen, namentlich der protestantischen Bibelexegese das Wort ‚Altes Testament', das vielfach mit Abwertung konnotiert war, durch ‚Erstes Testament' oder, was mir am nächsten liegt, ‚Hebräische Bibel' ersetzt. Für die folgende Exegese habe ich, ohne es immer ausdrücklich zu kennzeichnen, die derzeit in Deutschland gebräuchlichste jüdische Übersetzung und Genesis-Kommentare bedeutender Rabbinen dankbar verwendet.

Der nun folgende Übersetzungsversuch von Gen 22,1 bis 19 aus dem biblischen Hebräisch heraus soll den Text hörbar machen in aller Sprödigkeit und Fremdheit, also völlig unangepasst unserem Sprachduktus, ja ihm teilweise zuwiderlaufend. Das wird am ehesten in einer nahezu wortwörtlichen Übersetzung gelingen. Sprachliche Glättungen und Anpassungen erfolgen nur, wenn sie zum Verständnis unbedingt notwendig sind. In der linken Spalte biete ich den hebräischen Text in vereinfachter Transkription, in der rechten Spalte meinen Übersetzungsversuch vom 20.11.2013 unter Zuhilfenahme wissenschaftlicher Kommentare.[11]

## 2. Gen 22,1 bis 19, neu übersetzt

Vorab einige Hinweise zum besseren Verständnis meines Übersetzungsversuchs:

\* In runden Klammern steht, wie ebenfalls übersetzt werden könnte.

\*\* Der Name JIZCHAK bezieht sich auf seiner Mutter SARAS Lachen, als die für eine Schwangerschaft viel zu alte Frau davon hört, sie werde doch noch einen Sohn gebären (Gen 18,22). Er bedeutet soviel wie „lächerlich", „das ist ja zum Lachen", „es darf gelacht werden" (Titel einer früheren TV-Sendung).

\*\*\* So nach einer lateinischen Textvariante aufgrund des denkbaren Wortspiels ‚mori$^y$yah' mit ‚omar' / ‚sagen', aber auch ‚zeigen' bzw. ‚etwas gezeigt', d. h. ‚zu sehen bekommen', zugleich mit auf hebr. ‚sehen' / ‚y-r-a' (sprich: ‚yarah') beziehbaren ‚hehari$^y$m' / ‚Berge' als dem, was dem gesehen werden kann. Alte jüdische Deutung: Tempelberg in Jerusalem.

\*\*\*\* Buber-Rosenzweig, S. 58: *...höhe ihn dort zur Darhöhung auf...*.

---

[11] Im Referat folgten an dieser Stelle die in Anm. 1 erwähnten Erläuterungen zu einigen Eigenheiten des Hebräischen.

***** Über die Übersetzung in der aus der Zeit um 200 v. Chr. stammenden griechischen Fassung der Hebräischen Bibel, der Septuaginta (dort zur Stelle griech. „holokarposis" bzw. „holokautema"), wurde in der lateinischen Vulgata (Hieronymus nach 382 n. Chr.) dann „holocaustum" (dt. „Holocaust" / „Totalverbrennung", obwohl ‚olah' eigentlich ‚aufsteigen [des Rauches beim Opfer]' bedeutet.

****** Hier wie auch für JIZCHAK steht hebr. ‚na'ar', das ‚Knabe', ‚junger Mann', ‚Knecht' heißen kann. Die Knechte dürften also in etwa demselben Alter wie JIZCHAK gewesen sein, also mindestens 12 Jahre; dann passte das Wort „Bursche" recht gut. Es ist aber ebenso gut möglich, dass sowohl JIZCHAK als auch die Knechte sehr viel ältere Männer waren.

******* ‚ha-makom' / ‚Ort' bzw. ‚Raum' ist auch einer der Namen Gottes.

₁wayᵉhiʸ abar haddebᵃriʸm haelläh wehaᵃlohiʸm nissah ät-awrᵃham. wayyomär elayw: „awrᵃham!" wayyomär: „hinne-niʸ!"

₁Und es geschah nach den Begebenheiten, den nämlichen, und der ÄLOHIM (die GOTTHEIT)* ließ sich bewähren (prüfte) den ABRAHAM. Und er (sie) sprach zu ihm: „ABRAHAM!" Und (d)er sprach: „Siehe, hier: ich!"

₂wayyomär: „qach-na ät-binᵉka, ät-yᵉhiʸdeka, ᵃschär ahabᵉta, ät-yizᵉchaq, wᵉläch-lᵉcha äl-äräz hammoriʸyah wᵉha'ᵃlehuʷ scham le'olah al achad hehariʸm, ᵃschär omar eleʸka."

₂Und er (sie) sprach: „Nimm doch deinen Sohn, deinen einzigen, den du liebst, den JIZCHAK (den ‚ES DARF GELACHT WERDEN!')**, und geh für dich in das Land Morija (Land des Sehens)*** und darbringe ihn dort (lass ihn aufsteigen zur Aufsteigung)**** als Ganzopfer (hinsichtlich eines Brandopfers)***** auf einem der Berge, den ich sage dir!"

₃wayyaschᵉkem awrᵃham babbo-qer wayyahᵃbosch et-hᵃmoroʷ wayyiqqah ät-schᵉneʸ nᵉ'ariw ittoʷ wᵉ'et yizᵉchaq bᵉnoʷ wayᵉbaqqa ᵃzeʸ olaʰ, wayyaqam wayyelek äl-hammaqoʷm, ᵃschär-omarloʷ ha-ᵃlohiʸm.

₃Und früh machte sich auf ABRAHAM am Morgen und sattelte den Esel und nahm zwei seiner Jungknechte****** mit und den JIZCHAK, seinen Sohn, und er spaltete Hölzer [zum] Ganzopfer, und er machte sich auf, und er ging zu dem Ort,******* [von] dem der ÄLOHIM ihm gesagt hatte.

₄bayyoʷm haschᵉliʸsiʸ wayyischa awrᵃham ät-eʸnayw wayyar ät-hammaqoʷm merahoq.

₄Am Tag, dem dritten, und [es] erhob ABRAHAM seine Augen, und er sah den Ort von ferne.

₅wayyomer awʳaham äl-neʿarayw: „schewu-lakäm poʰ im-hahamoʷr waʾaniʸ weʰannaʿar neleḵaʰ ʾad-koʰ wenischetaḥaweʰ wenaschuʷwaʰ ʿaleʸkem.

₆wayyiqqah awʳaham ät-ʿazeʸ haʿolaʰ. wayyaschem ʾal- yizechaq, benoʷ. wayyiqqah beyadoʷ ät-haʾesch weʾät hammaʾakälät wayyeleḵuʷ scheneʸhem yaḥedaw.

₇wayyomer yizechaq äl-awʳaham, ʾabiʸw, wayyomer: „ʾabiʸ!" wayyomer: „hinnenniʸ, beniʸ!" Wayyomer: „hinneʰ haʾesch wehaʾeziʸm. Weʾayyeʰ haschä leʿolaʰ?"

₈wayyomer awʳaham: „ªlohiʸm yireʾäh-loʷ haschä leʿolaʰ, beniʸ!" wayyeleḵuʷ scheneʸhem yaḥedaw.

₉wayyaboʾuʷ äl-hammaqoʷm ªschär amar-loʷ haªlohiʸm wayyi-ben scham awʳaham ät-ham-mizebeah wayyaʿarok ät-haʾeziʸm wayyaʿaqod ät-yizechaq benoʷ wayyaschem ʾotoʷ ʾal- hammizebeah mimmaʾal leʿeziʸm.

₁₀wayyischelah awʳaham ät-yadoʷ wayyiqqah ät-hammaʾakälät lischehot ät-benoʷ.

₁₁wayyiqera' ,elayw malaʾak YHWHs, min-haschamayim, wayyoʾmer: „awʳaham! awʳaham!" wayyoʾmer: „hinneniʸ!"

₅Da sprach ABRAHAM zu seinen Jungknechten: „Bleibt für euch (ihr) hier mit (bei) dem Esel, und ich und der Junge - wir wollen gehen bis dorthin, und anbeten wollen wir und zurückkehren dann zu euch."

₆Und (daraufhin) nahm ABRAHAM die Hölzer [zu] dem Ganzopfer. Und er legte [sie] auf JIZCHAK, seinen Sohn. Und er nahm in seine Hand das Feuer und das Messer. Und so gingen sie, als Zweiheit in Einheit (sie beide miteinander).

₇Da sprach JIZCHAK zu ABRAHAM, seinem Vater, und sagte: „Mein Vater!" Der sagte: „Sieh, hier: ich, mein Sohn!" Und der sagte: „Hier - das Feuer und die Hölzer. Wo aber das Tier (Schaf) zum Brandopfer?!"

₈Da sprach ABRAHAM: „ÄLOHIM ersieht für sich selbst das Tier zum Brandopfer, mein Sohn!" Und so gingen sie, sie beide miteinander (als Zweiheit in Einheit).

₉Und sie kamen zu dem Ort, den gesagt (gezeigt) hatte ihm der ÄLOHIM. Da baute ABRAHAM die Schlachtstätte (den Altar). Und er schichtete [auf] die Hölzer. Und er fesselte (band) den JIZCHAK, seinen Sohn. Und er legte ihn auf die Schlachtstätte (den Altar) obendrauf auf die Hölzer.

₁₀Und ausstreckte ABRAHAM seine Hand. Und er nahm das Messer, um zu schlachten seinen Sohn.

₁₁Da rief ihm zu [der] Bote JHWHs (Engel Adonajs), her von den Himmeln, und sprach: „ABRAHAM! ABRAHAM!" Der sagte: „Siehe, hier: ich!"

₁₂wayyo'mer: „al-tischᵉlach yodᵉka äl-hanna'ar wᵉ'al-ta'asch loʷ mᵉ'uʷmmaʰ. kiʸ 'attaʰ yadaᵉtiʸ kiʸ-yᵃre' ᵃlohiʸm 'attaʰ wᵉlo' chasakᵉta ät-binᵉka, ät-yᵉchiʸdᵉka, mimmen-niʸ."

₁₃wayyischa awrᵃham ät-'eʸnayw wayyarᵉ' wᵉhinneh-'ayil 'achar, nä'ᵃhaz bassᵉbak bᵉqarᵉnayw. wayyeläk awrᵃham wayyiqqah ät-ha'ayil wayya'ᵃlehuʷ lᵉ'olaʰ tachat bᵉnoʷ.

₁₄wayyiqᵉra' awrᵃham schem-hammaqoʷm hahuʷ': „YHWH yirᵉ'äʰ! 'ᵃschär ye'omer hayyoᵐ bᵉhar YHWH yera'äʰ.

{₁₅wayyiqᵉra' malᵉ'ak YHWHs äl-awrᵃham scheniʸt min-haschamayim ₁₆wayyo'mer biy nischbati - nᵉ'um YHWH - kiʸ ya'an 'ᵃschär 'assiʸta ät-haddabar hazzeʰ wᵉlo' hassakᵉta ät-binᵉka, ät-yᵉchiʸdeka, ₁₇kiʸ-barek 'ᵃbarākᵉka wᵉharebaʰ 'arebäʰ ät-zarᵉ'aka kᵉkoʷkᵉbeʸ haschamayim wᵉka-choʷl, 'ᵃschär al-ssᵉpat hayyam. wᵉyirasch zarᵉ'ᵃka ät scha'ar 'oyᵉbayw.

₁₈wᵉhitᵉbarᵃkuʷ bᵉzarᵉ'aka kol goʷyᵉeʸ ha'aräz 'eqäw 'ᵃschär schama'ᵉta bᵉqoliʸ!}

₁₉wayyaschaw awrᵃham äl- nᵉ'arayw wayyaqumuʷ wayye-lᵉkuʷ yachᵉdaw äl-bᵉ'er scheba', wayyeschew awrᵃham bibᵉ'er scheba.

₁₂Und er sprach: „Nicht ausstrecke deine Hand nach dem Jungen! Und nicht tue ihm irgendetwas! Ja, jetzt weiß ich, dass fürchtig Gottes (nach Wortklang mitzuhören: aufmerksam, achtend) du [bist], denn nicht hast (hättest) du vorenthalten deinen Sohn, deinen einzigen, mir!"

₁₃Und ABRAHAM (er)hob seine Augen und sah - und siehe (schau): Widder, hinten, verfangen im Gestrüpp mit seinen Hörnern! Da ging hin ABRAHAM. Und er nahm den Widder. Und er darbrachte (erhöhte) ihn zum Ganzopfer, anstelle seines Sohnes.

₁₄Da rief ABRAHAM den Namen des Ortes, [eben] jenes: „JHWH (er)sieht!" Von daher wird gesagt noch heutigentags: „Auf dem Berge ›JHWH lässt sich sehen (ersieht (sich))‹."

{₁₅Da rief der Bote JHWHs zu ABRAHAM [zum] zweiten Mal her von den Himmeln, ₁₆und er sprach: „Bei mir habe ich geschworen" - Spruch JHWHs - „dass, weil du getan hast die Sache, diese da, und nicht vorenthalten hast deinen Sohn, deinen einzigen, ₁₇ja [ein] Segnen: werde ich segnen dich - und ein Mehren: will ich mehren deinen Samen wie die Sterne der Himmel und wie der Sand, der am Strand des Meeres. Ererben (besitzen) wird dein Same das Tor seiner Feinde!

₁₈Segnen (glücklichpreisen) wer-den (sollen) sich in deinem Samen alle Volksstämme (Völker) der Erde - dafür, dass du gehört [hast] auf meine Stimme.}

₁₉Und zurückkehrte ABRAHAM zu seinen Jungknechten, und sie machten sich auf und gingen zusammen nach Beerscheba. Und es wohnte (blieb wohnen) ABRAHAM in Beerscheba.

## 3. Textanalyse

Wie bereits angedeutet, bezeichnet die jüdische Exegese Gen 22,1 bis 19 als ›aqedat Jizchak‹ bzw. ›aqedah‹. Das ist auch richtig so. Denn Isaak wird ja keineswegs geopfert, sondern gefesselt und dann befreit. Insofern wird - statt von einer Tötung – erzählt von einer „Rettung", besser: einem „Entrinnen". Im Judentum hat gerade diese theologische Akzentuierung einen bedeutenden religions-praktischen Sinn. Denn der Abschnitt (Perikope) Gen 22 ist noch heute die Lesung für den zweiten Tag von ROSH-HASHANAH, dem jüdischen Neujahrsfest. Zudem wurde sie früh in die tägliche Morgenlesung aufgenommen.[12] So ist sie eine Einstimmung auf die Ungewissheiten und Gefährdungen des neuen Tages und des neuen Jahres in Erinnerung an etwas ganz Ungeheuerliches, aus dem es dann doch ein Entrinnen gab, eine Rettung in höchster Anfechtung und Todesgefahr. Das ist über Jahrhunderte hinweg ein Gedenken der schrecklichen Zeit, in der es für unzählige Juden eben *kein* Entrinnen gegeben hat, sondern von ihnen nur Rauch und Asche blieben. So beginnen das neue Jahr und der neue Tag mit einerseits dem Erschrecken über die tödliche göttliche Forderung und Abrahams Gehorsam bis hin zur grauenvollen Tötungsbereitschaft und andererseits der Dankbarkeit für die Lebensrettung Gottes und Abrahams neuem Hinhören auf Gottes Stimme, wodurch ihm sein geliebter Sohn, den er selbst schon preisgegeben hatte, wiedergeschenkt wird. Ein schier unglaublicher Glaube an der äußersten Grenze des Erträglichen, in Anbetracht dessen, was unerträglich bleibt und niemals für erträglich gehalten werden darf. Gleichsam Existenz von jenseits dieser Grenze her, gegen die erfahrene und erinnerte Vernichtung.

Durch ihre Wiederholung, indem nämlich diese Erzählung täglich bzw. zum Jahresbeginn vergegenwärtigt wird, kann ihr hochdifferenziertes Identifikationsangebot zum Tragen kommen. Ich nenne nur einige Identifikations- und Reflexionsvarianten: Sich einer schier unerfüllbaren göttlichen Forderung ausgesetzt zu wissen - wie Abraham; zu einem bedingungslosen Gehorsam, der auch über Leichen geht, bereit zu sein - wie Abraham; über Gott und sich selbst zu erschrecken und sich dennoch auf den Weg zu machen - wie Abraham; wehrlos einer übermächtigen Gewalt ausgeliefert zu sein - wie Isaak; zu vertrauen auf ein gutes Ende - wie Abraham und Isaak; in Todesgefahr zu schweben, ein Messer schon an Gurgel oder Bauch, vielleicht auf dem OP-Tisch statt auf dem Altar - wie Isaak; erhofft und doch unerwartet gerettet zu

---

[12] Auf die Morgenlesung von Gen 22,1-19 folgt dieses Gebet: „Gedenke der Akeda, gedenke, wie unser Vater seinen Sohn Isaak auf dem Altar gefesselt hat und wie er sein Mitleid überwand, um Deinen Willen mit ganzem Herzen zu erfüllen, so werde Dein Mitleid HERR über Dein Gericht gegen uns, sei uns gnädig." (Krupp [LV 26.], S. 157)

werden - wie Isaak; von Nichts gewusst haben zu können - wie Sarah; Tod umzufallen, als sie alles erfährt, diesen Glaubenswahn verrückter Männer - wie Sara. Saras im nächsten Kapitel berichteter Tod (Gen 23) wird von jüdischen Auslegern darauf zurückgeführt, dass sie von dem Geschehen auf dem Berg Morija erfährt.

So enthält die Erzählung Gen 22 zahlreiche Themen, Aspekte, Perspektiven. Infolgedessen wurde diese Tora-Perikope in der rabbinischen und christlichen Tradition zum am meisten studierten, kommentierten und kontrovers diskutierten Text, ebenso intensiv aufgenommen in der Bildenden Kunst des Abendlands. Wer sich mit ihm beschäftigt, muss von vornherein darauf verzichten, nur *einen* Grundgedanken als das Sinngemäße und Sinnganze erfassen zu können, sondern mit vielen Deutungsebenen und Sinnschichten rechnen. Gen 22 wurde mit mehr als einer Intention erzählt, aufgeschrieben und überliefert. Eben darum dürfte das Allermeiste in dieser Erzählung *un*erzählt geblieben sein.[13] Alles scheint von Bedeutung zu sein, doch wenig wird gedeutet. Jede kleine Verstehenshilfe mündet in mehr als eine weitere Frage. Das Geschehen wird fast durchgängig geradezu im Ton der Teilnahmslosigkeit erzählt, aber an wenigen Stellen durch emotionalisierende Worte unterbrochen: so kommt - zum ersten Mal in der Bibel überhaupt - in *deinen Sohn, den du liebst* (V. 2) das Wort „lieben" (Wortfeld *ahaw[b]*) vor. Die Erzählung ist auch darin widersprüchlich, dass sie in rasendem Tempo voranschreitet, zugleich aber retardierende Momente enthält, z. B. den Drei-Tage-Weg. Ebenso zeugt sie von personaler Zuwendung, z. B. im Gespräch zwischen Isaak und Abraham, zugleich von kühler Distanz, z. B. schon in demselben Gespräch und im Schwingen des Schlachtemessers. Alles steht auf Messers Schneide. Aber nur so, vom Unausgesprochenen, Verschwiegenen her, kann sich ein Imaginationsraum eröffnen für die Lesenden bzw. Hörenden. Wer diesen Text nicht sogleich beiseite legt, wird in ungeheure Reflexionstiefen hineingetrieben. Gen 22 erzählt von etwas unbedingt Zwingendem - und so werden Assoziationen, Emotionen und Interpretationen *frei*gesetzt. Sollte Freiheit nur von ihren Grenzen her, aus einem ganz Anderen heraus, wahrnehmbar und gestaltbar sein, zumindest von Voraussetzungen leben, die sie selbst nicht bereitstellen kann, also einer prim-ordialen Verpflichtetheit kommen?

---

[13] Der Literaturwissenschaftler Erich Auerbach [LV 1.] hat eindrucksvoll und überzeugend den Unterschied zwischen den detaillierten und ausschmückenden Erzählungen Homers und dem kargen, eher verschweigenden Stil der Hebräischen Bibel herausgearbeitet, in der das Unsagbare (und oft Unsägliche) unsagbar bleibt, wodurch die wenigen näheren Andeutungen von z. B. Gefühlsregungen dann umso überraschender und unmittelbarer hervortreten und aufmerken lassen.

Vom Text her verpflichtet zur Freiheit weiß sich die historisch-kritische Exegese, die seit etwa 250 Jahren der wissenschaftliche Standard in der Bibelexegese ist. Die historisch-kritische Exegese geht in mehreren Schritten vor, sie ist und hat ‚Methode' - und ‚Methode' leitet sich ab von griech. ‚meta-hodos', was nichts anderes als ‚Umweg' heißt. Doch um zu viele Umwege zu ersparen, werde ich jetzt jeweils nur die wichtigsten Stolpersteine nennen und das Ergebnis der exegetischen Stolperei anführen.

Im Schritt TEXTKRITIK geht es darum, die Textvarianten in den verschiedenen Funden alter Handschriften zu prüfen, ob sie einen besseren Sinn ergeben als der Masoretentext (MT). *Besser* heißt aber keineswegs *leichter*. Denn es gilt die Grundregel der ‚lectio difficilior': als ursprünglicher vorzuziehen ist nahezu immer die schwierigere Lesart, denn Konjekturen wollen in der Regel Unverständliches oder Anstößiges nachträglich dem Zeitverstehen anpassen. Antike Texte entstammen einer uns fernen, fremden Welt, die in ihrem Eigenrecht und Eigengewicht unserer Verfügung entzogen ist und bleiben muss, wenn wir unser Verstehen angeregt, erweitert und bereichert wissen wollen durch die Konfrontation mit Einsichten, die Frühere schon gehabt haben. Hinsichtlich Gen 22 hebe ich jetzt nur einen Stolperstein hervor: Zur Ortsangabe *Berg Morija* (V. 2) legt eine späte Textvariante die Lesart „*Berg des Sehens / der Vision*" nahe. Das ist sicher keine korrekte Etymologie, sondern eine Übernahme aus 2. Chron 3,1, wo - allerdings wiederum als Eintrag aus Gen 22,2 - das unbekannte Bergland „Morija" mit dem Tempelberg in Jerusalem identifiziert wird. Gleichwohl ist damit, wie wir noch erkennen werden, eine Verstehensspur gelegt, nämlich das Spiel mit den hebräischen Worten für „*zeigen*", „*sehen*", zugleich auch „*fürchten*" (Wortfelder r-'a-h und y-r-h).[14]

Im Schritt LITERARKRITIK weise ich jetzt nur darauf hin, dass wir es in Gen 22 zu tun haben mit einem Textgefüge innerhalb der sog. ‚Erzvätergeschichte' (Gen 12 bis 50), die eigentlich ‚Erzelterngeschichte' genannt werden sollte, wollen wir Würde und Recht der drei Frauen Abrahams, nämlich Sarah, Hagar und Ketura, der Frau Isaaks mit Namen Rebekka und der Frauen Jakobs, also Lea mit ihrer von Jakob beschlafenen Magd Silpa und Rahel mit ihrer von Jakob ebenfalls geschwängerten Magd Bilha endlich respektieren. Gen 22,1-19 scheint, zumal hinsichtlich der hier besonders auf-

---

[14] Vgl. Nelly Sachs: Klippenabsturz zu Gott: *In der Nacht, / wo Sterben Genähtes zu trennen beginnt, / reißt die Landschaft aus Schreien / den schwarzen Verband auf. / Über Morija, dem Klippenabsturz zu Gott, / schwebt des Opfermessers Fahne: / Abrahams Herz-Sohn-Schrei, / am großen Ohr der Bibel liegt er bewahrt...* (aus: „Fahrt ins Staublose", siehe Stefan Gathmann: »Klippenabsturz zu Gott« [LV 13.+38.])

fälligen Schweigsamkeit, zunächst ganz für sich selbst zu stehen und mit dem Kontext nur durch sehr allgemeine Angaben verbunden zu sein, wird aber noch im selben Kapitel Gen 22 abgeschlossen mit einer Genealogie, in der Isaaks spätere Frau Rebekka zum ersten Mal, nämlich als Kind erwähnt wird.

Anders als Gen 1 bis 11 ('Urgeschichte'), den Erzählungen von der Welt- und Menschenerschaffung, den Bedingungen und Gefährdungen des Menschseins als eines sowohl unvordenklichen als auch ständig gegenwärtigen Ursprungsgeschehens, gelten die 'Erzelterngeschichten' ab Gen 12 als Erzählungen vom Eintritt eines 'Volkes Israel' bzw. seiner Vorformen in den Raum der von Menschen gestalteten Geschichte. Der Zeitpunkt dieses Eintritts liegt mit der Angabe 'zwischen 2.000 und 1.500 vor Christus' zwar so weit zurück, dass auch er historisch unbestimmbar ist und die langen Zeiträume in Genealogien (Geschlechterfolgen) mit ihren fiktiv bzw. metaphorisch hohen Lebensaltersangaben gegliedert bzw. überbrückt werden. Es handelt sich aber um einigermaßen konkret erinnerbare Geschichte. Allerdings muss sogleich gesagt werden:

Dass es einen Abraham, Isaak oder Jakob als Einzelpersonen im neuzeitlichen Sinn gegeben hat, ist ganz unwahrscheinlich. Diese Namen stehen für verschiedene Nomadenstämme, die sich im Laufe von Jahrhunderten zu einem größeren Stammesverband zusammengeschlossen haben, nicht zuletzt indem ihre jeweiligen Stammesgötter zu einem Gott vereint wurden. Wir haben es also bei Abraham[15] statt mit einem Individuum mit einem Typus zu tun, einer Gestalt, die viele soziale und personale Erfahrungen repräsentiert. In der rabbinischen Tradition wird von Hiob gesagt: Habe Hiob als Person gelebt, könne er nicht derart un- und über-menschlich gelitten haben. Habe es niemals eine Hiob-Person gegeben, gab und gibt es dennoch ein solches unerträgliches Leiden. Ähnliches kann auch für Abraham gelten. Dabei ist klar:

---

[15] Zuerst 'awram' / 'erhabener Vater' bzw. 'er ist in Bezug auf seinen Vater erhaben', ab Gen 17,5: 'awraham' / 'Vater der vielen Völker'. Auch z. B. Adam, Eva, Kain, Abel und Noah sind ja keine Einzelpersonen, sondern bilden das Menschsein als solches ab. – Hier noch ein Wort zur LITERARKRITIK: Die neuere Forschung hat die von Julius Wellhausen im 19. Jh. aufgestellte an den unterschiedlichen Gottesbezeichnungen und an der besonderen Rolle der Weisungen orientierten Vier-Quellen-These (Elohist, Jahwist, Priesterschrift, Deuteronomist) aufgegeben. Außer der deuteronomistischen Redaktion, die sich über das dt. Geschichtswerk hinaus in nahezu allen Texten findet, spricht man heute höchstens noch von den beiden Quellen J und P. In Gen 22 sind die Gottesbezeichnungen Älohim und Jahwe zu finden. Auf dtn. Einfluss könnte der Einschub Vv 15-18 hindeuten. Überzeugt hat mich Georg Steins: Gen 22 sei eine Verbindung von J und P aus nachexilischer Zeit, als die früheren theologischen Schulen, wenn es sie denn so gegeben hat, ihre Differenzen aufgaben und zu einer diskursiven Theologie mit vielerlei reflektierten Differenzierungen fanden. - Die in der Forschung vermuteten weiteren Differenzierungen müssen in diesem Zusammenhang unerwähnt bleiben.

Alle derartigen biblischen Erzählungen, beruhen sie nun auf Fakten oder seien sie Fiktionen, sind keine Phantasien, sondern über Jahrhunderte hinweg geronnene, verdichtete Erfahrungen, Erfahrungen eines Stammes oder eines Volkes! So ist die Bibel eine Erzählung aufgrund einer Erzählung aufgrund einer Erzählung aufgrund einer Erzählung...: ein sich fortsetzender narrativer Prozess. Wer sich mit ihr - auf welche Weise es auch sein mag - beschäftigt, nimmt teil an einer Erzählgemeinschaft. Nicht erst, aber ganz besonders nach dem Holocaust gilt für sie, was Nelly Sachs' CHOR DER GERETTETEN spricht:[16] *„Wir Geretteten, / wir drücken eure Hand, / wir erkennen euer Auge - / aber zusammen hält uns nur noch der Abschied, / der Abschied im Staub / hält uns mit euch zusammen."*

Mit der Literarkritik verbunden ist die FORMKRITIK, durch die die Textgattungen samt ihres „Sitzes im Leben" bestimmt werden. Zunächst sei festgestellt, dass V. 1 ein Titel mit Themenangabe ist. Abraham soll auf die Probe gestellt werden. Damit wissen die Lesenden mehr als der vor allem Handelnde. Wer diese Erzählung liest oder, was häufiger gewesen sein wird, hört, wird so in das Geschehen einbezogen, dass eigenes Nachdenken möglich und nötig ist: Nähe und Abstand sind wie zwei Seiten einer Medaille.

Sodann enthält das Textgefüge Gen 22 zurück- oder vorausblickende Geschehensberichte und Dialogteile sowie in den Vv 15 bis 18 einen offenkundigen Einschub, der für den Geschehensablauf keine Bedeutung hat, ihn aber deutet und, indem er die Abraham schon einmal zuteil gewordene Segenszusage (Gen 12,2 u. ö.) erneuert, in die Zukunft weist.

Schon der vorangehende V. 14 fällt aus dem Rahmen, indem er einen Ortsnamen erklärt. Es handelt sich bei Gen 22,1 bis 19 um einen Geschehensbericht, der wie oft bei biblischen Erzählungen, besonders häufig in den Büchern Genesis, Josua und Richter, auf eine Namens- bzw. Orts- oder eine Kultätiologie hinausläuft. Gen 22 als Ätiologie als solche zu bezeichnen, ginge wegen der starken Dialoge mit Reflexionsanteilen sicher fehl, aber das *ätiologische Motiv* ist noch erkennbar. Auch wenn in der Forschung umstritten ist, ob und in welchem Umfang es die Praxis des Menschen-, namentlich des Kinderopfers im Umkreis Israels oder in Israel selbst zu früheren Zeiten tatsächlich gegeben hat, wird doch wieder verstärkt ein zweites *ätiologisches Motiv* in Gen 22 angenommen: die Erklärung auf die Frage, warum es in Israel keine

---

[16] Siehe den ganzen Text des Gedichts „Chor der Erretteten" von Nelly Sachs in: Meine Deutschen Gedichte, gesammelt von Hartmut von Hentig, Seelze-Velber 2001², S. 297f.

Menschen-, sprich: Kinderopfer gibt, wenn denn von so etwas immer wieder die Rede, d. h. eine solche Praxis im kulturellen Gedächtnis aufbewahrt ist.[17]

Das nie vollzogene ›Opfer des Abraham‹ wäre dann die Erzählung einer kulturellen Entwicklung weg vom Menschenopfer, hin zum Tieropfer! Es wäre zugleich eine Revolution im Opferverständnis: das Opfer nicht als Mittel zur Besänftigung- und Umstimmung eines Gottes, sondern als Gegengabe für die Lebensgabe und die Lebensgaben, also als Dank für bereits Gegebenes, nicht als Zahlungsmittel für und Betteln um Erwünschtes. Das hebt die der Erzählung innewohnende Spannung freilich keineswegs auf, sondern steigert sie noch.

Aus alledem ergibt sich folgende an den Versen orientierte Gliederung, die einen gewissen Chiasmus aufweist:

| | | |
|---|---|---|
| 1ab | Titel und Thema | - A1 |
| 1c+2 | Dialog (Ruf Gottheit, Antwort und Auftrag) | - B1 |
| 3+4 | Handlung (Aufbruch, Weg, Sehen des Zieles) | - C1 |
| 5 | Dialog (Abraham - Knechte) | - B2 |
| 6 | Handlung (Aufbruch zum Opferplatz) | - C2 |
| 7+8a | Dialog (Isaaks fragt, Abraham antwortet) | - B3 |
| 8b-10 | Handlung (Weg, Ziel, Vorbereitung, Messer) | - C3 |
| 11+12 | „Dialog" (Ruf Gottes[-Bote], Antwort, Tötungsverbot) | - B4 |
| 13 | Handlung (Sehen und Ergreifen des Widders) | - C4 |
| 14 | Ortsbenennung und Namensätiologie | - B5 |
| {15-18 | *Rede Gottes[-Bote]* mit erneuter Segenszusage} | |
| 19 | Schluss (Rückkehr, Verbleib) | - A2 |

Der nächste Schritt wäre die TRADITIONSKRITIK, in der nach der Überlieferung eines Textes und damit seiner zeitlichen Verortung gefragt wird. In der Literar- und Formkritik wurde deutlich, wie Gen 22,1-19 gerade in seiner Sprödigkeit, Brüchigkeit und Widersprüchlichkeit einen wohlbedachten Zusammenhang bildet, zugleich jedoch aus wiederkehrenden und neuen Textelementen besteht. Deshalb müssen wir, zumal im Blick auf das ätiologische Motiv von der Ablösung des Kinderopfers, mit einem langen Wachstum dieser Erzählung von einer sehr alten mündlichen Überlieferung, die in die

---

[17] Vgl. Exodus / 2. Mose 22,29 / 34,20; Leviticus / 3. Mose 18,21 / 20,1-5; Deuteronomium / 5. Mose 12,31 / 18,10; 1. Könige 16,34; 2. Könige 3,21+27 / 16,3 / 17,7+31; Jesaja 57,5; Jeremia 7,31 / 19,5 / 32,35; Ezechiel 16,20f / 23,36-39; Psalm 106,37. - Wird das göttliche Recht auf ein solches Opfer nicht grundsätzlich angezweifelt, so wird doch umso heftiger bestritten, Gott wolle Menschenopfer, und das Erbringen solcher Opfer wird radikal abgelehnt und unter Todesstrafe gestellt.

Anfänge Israels vor der Mose-Zeit, also von etwa 2.000 bis 1.500 v. Chr., reicht, über erste Verschriftungen in der Königszeit ab 1.000 v. Chr. bis in die Zeit, die dem Babylonischen Exil folgt, rechnen. Für den Kernbestand Gen 22,1 bis 14 und 19 nimmt die neuere Forschung an, dass diese Perikope ihre jetzt vorliegende Fassung erhalten hat frühestens nach der Rückkehr aus dem Exil, also ab 530 v. Chr., wahrscheinlicher aber um die Wende vom 5. zum 4. Jh. (Esra-Zeit), wenn nicht gar in bereits hellenistischer Zeit (Issos-Schlacht: 333 v. Chr.). Der Einschub Vv. 15 bis 18 könnte sogar in die Zeit um 200 v. Chr. weisen. Der Zeitraum von 500 bis 200 v. Chr. ergibt besonders viele Bezüge zur ›aqedat Jizchak‹ bzw. ›aqedah‹ bzw. ›Abrahams Opfer‹.

Nicht alle Israeliten wollten den Exilsort Babylon verlassen und wieder nach Jerusalem ziehen. Der Aufbau des zweiten Tempels erwies sich als mühsam. Es gab massive Spannungen zwischen den Exilsrückkehrern, die ihren Besitz zurückhaben wollten, den sich die wenigen in Jerusalem verbliebenen Familien, da die Felder brachlagen und die Häuser unbewohnt waren, keineswegs unrechtmäßig angeeignet hatten. Der Hellenismus brachte durch Handel und Wandel eine neue Migration von Juden in andere Länder, zugleich ein zunehmendes Auseinanderklaffen von Reichen und Armen. Als dann die Römer die Griechen ablösten, den Mittelmeerraum immer vollständiger beherrschten und die Höhe der Preise und Steuern bestimmten, kam zu den innerjüdischen sozialen Spannungen eine massive politische Bedrückung und soziale Bedrängnis hinzu, die 167 v. Chr. bis zur Tempelentweihung (Einführung des Zeus- statt des Jahwe-Kultes), zum Raub der Tempelgegenstände und zum Verbot des Jahwe-Kultes durch Antiochus IV. Epiphanes sich steigerte und die Hasmonäer- und Makkabäer-Aufstände hervorrief.

Bei derartigen „Zeitbestimmungen" kommt es weniger auf genau datierbare Zeitpunkte an - dieses Denken ist der Antike, in der man in langen Rhythmen dachte, ohnehin fremd -, sondern auf „Zeitstimmungen" und übergreifende „Zeitbezüge". In dieser Zeit entstanden ebenfalls die Weisheitsliteratur wie die Sprüche Salomos oder der Prediger (Qohelet) mit seiner skeptischen Weltsicht (ca. 300 bis 200 v. Chr.). Ebenso die Hiob-Dichtung, die wie Gen 22 dramatische Fragen nach Gott, einen Streit mit Gott und um den Sinn des Glaubens abbildet. In dieser Zeit wurden zunehmend mehr ›aqedot‹ sehr einschneidend persönlich erlebt, ebenso das Verlassen - „opfern" - von Familien und Kindern oder im Gegenzug das Festhalten am Jahwe-Glauben in äußeren Anfeindungen und inneren Anfechtungen. Es konnte sehr schnell sehr viel auf Messers Schneide stehen! Das war in der Nomadenzeit so, in der jeder Tag ungeahnte Gefährdungen bot. Es setzte sich fort in der Zeit der Bedrückung. Wer sozial und politisch bedrängt, also „gebunden" ist, befindet sich oft selbst in einer Lage, um des eigenen Überlebens willen andere zu „binden". Mit alldem wurde die Frage immer bedrängender:

Hat unser „Gott" seine Verheißung vergessen, zurückgenommen? Wird uns nicht Unzumutbares zugemutet? Will die Wirklichkeit, die wir „Gott" nennen, das Gericht oder die Rettung oder hat er sich ganz verabschiedet? Woher kommt all das Böse, das unsere Existenz in höchstem Maß gefährdet? Ist die Welt noch in Ordnung oder schon so verrückt geworden, dass nur noch Chaos statt Kosmos zu erkennen ist? Wenn nichts mehr passt und alles auseinanderbricht, hat dann der Monotheismus noch irgendeinen Sinn? Denn im Ein-Gott-Glauben ist ja die Vorstellung und Erwartung eines letzten seinsmäßigen Zusammenhangs und Zusammenhalts verborgen, wenn den Hebräern auch das *substanz*-ontologische Denken der griechischen Seinsphilosophie fremd blieb, sondern sie stets *relations*-ontologisch gedacht haben. Wenn nämlich im Hebräischen überhaupt Begriffe - wie ‚Gottesebenbildlichkeit' oder ‚Gerechtigkeit' - gebildet und gebraucht wurden, werden mit ihnen keine seinsmäßigen Feststellungen getroffen, sondern Beziehungen beschrieben. „Sein" (h-y-a) heißt: „in Beziehung sein". Kurzum: Was auf dem Spiel steht, ist nicht mehr und nicht weniger, wie Welt und Leben existentiell überhaupt wahrgenommen werden können. Anders ausgedrückt: Was bedeuten die „Erscheinungen"?

In diesem Sinn sei noch einmal betont: *Gen 22,1-14+19 ist zwar tief verankert in der historisch-sozialen Erfahrung des Volkes Israel, doch kein Bericht eines einzigen Ereignisses in einer bestimmten Zeit. Vielmehr spiegelt dieser spröde Text die Verstrickung von Menschen angesichts unerwünschter, undurchschaubarer Lebenslagen, Erschütterungen und Anforderungen, die - unabweisbar und unhintergehbar, wie sie sind - die elementarsten und fundamentalsten Fragen an ihren Gott bzw. ihr Gottesbild stellen lassen. Dabei sind Abraham und Isaak gleichsam Chiffren, die den Rezipienten variable Imaginations-, Identifikations- und Reflexionsmöglichkeiten bieten für bestimmte Erscheinungen und Erfahrungen ihrer personalen und sozialen Existenz, zu der ganz besonders die ethischen Konflikte und Dilemmata gehören.*

Nun müsste als nächster Schritt die REDAKTIONSKRITIK folgen, die die Kontextbezüge zu ermitteln versucht. Sie führt uns zugleich mit den intertextuellen Zusammenhängen hinein in die gesamte Textkomposition. Darum nehme ich sie mit auf in den nächsten Abschnitt:

## 4. Gen 22 als Textkomposition (Auslegung)

Es liegt mir fern, mit „Gen 22 als Textkomposition" dieser Erzählung einen uniformen oder teleologischen Logos anzudichten. So wenig wie das Leben ist die Bibel und in ihr allen anderen voran die Perikope Gen 22 in sich stimmig. Die Disharmonien überwiegen. Aber Grund und Absicht dieser Unstimmigkeiten und Widersprüche wollen aufgezeigt und können hier wenigstens angedeutet werden. Dazu noch einmal: Solche Erzählungen sind verdichtete Erfahrungen, die in langen Zeiträumen von vielen Menschen gemacht wurden. Sie sind, wie eben angedeutet, keine datierbaren Ereignisse, sondern Dichtungen, als Dichtungen aber wahre Ereignisse! Sie sind eine Komposition, eine Partitur.

Und, um das schon an dieser Stelle zu sagen, GOTT ist keine Entität außerhalb unserer Welt, sondern, recht verstanden, Ausdruck und Name für Ursprung und Tiefe des Seins, für das Sein selbst, mitten im Leben jenseitig als dessen Grund und Grenze, als das mitten im Sein dem Sein vorausgesetzte und aus diesem unableitbare, unbegründbare Andere, als prim-ordiale Alterität: „das Woher meines empfänglichen und selbsttätigen Daseins" (Friedrich Schleiermacher).

Dass die Erzählung Gen 22 *mit* Lücken, ja *von* Auslassungen lebt, ergaben schon die bisherigen Beobachtungen im Rahmen der Literar-, Form- und Traditionskritik. Mit einer Auslassung endet sie auch. Zwar siedelt Abraham sich endgültig an in Südpalästina, in Beerscheba am Rande der Wüste. Wo aber bleibt Isaak? Eine von mehreren text-strukturierenden Sätzen lautet: „*...und gingen miteinander...*" (in alten Luther-Bibeln: „*...mitsammen...*").

Zweimal ist Isaak mit dabei (V. 6c) bzw. derjenige, der mit Abraham geht (V. 8b). Am Schluss (V. 19b) fehlt er. Das dürfte nicht zufällig sein, denn vorher, als ebenso von den Jungknechten die Rede ist, wird er ausdrücklich erwähnt. Warum nicht an dieser Stelle, da sich nach gutem Ausgang alles beruhigt haben könnte? Aber auch dieser gute Ausgang, so dankbar man von ihm hört oder liest, lässt keine Ruhe aufkommen. Der Film ist zu Ende, aber seine Bilder und Szenen verfolgen mich bis in die Träume. Isaak hat Ungeheuerliches erlebt. Das Messer war ihm schon an die Gurgel gelegt, er ist im allerletzten Augenblick dem Ganzopfer, der Totalverbrennung, dem Holocaust nur knapp entronnen. Mit dieser Ungeheuerlichkeit, dieser brutalen Gewalt seines Vaters gegen ihn, den „geliebten" Sohn, muss Isaak leben. Kann er das? Könnte das jemals ein Mensch, eine Tochter, ein Sohn?

Bei Tod und Begräbnis seiner Mutter ist Isaak abwesend, auch dort fehlt er (Gen 23). Nur Abraham beklagt und beweint seine Frau Sara, nicht der Sohn, der beider ganzes Lebensziel, ihre gemeinsame Verheissung war, das Worumwillen und Woraufhin ihres Lebens.[18] Erst als für Isaak selbst eine Frau, Rebekka, gefunden ist, taucht er wieder auf, doch von einem Zusammensein und -gehen des Sohnes mit dem Vater ist nirgendwo mehr die Rede, nur dass Isaak sein Erbteil pflichtgemäß von Abraham erhält und er gemeinsam mit seinem Halbbruder Ismael, dem Kind von Saras verstoßener Magd Hagar, dem Stammvater der nicht-jüdischen Semiten, den Vater beerdigt - wohl ebenfalls pflichtgemäß, denn es fehlt, was sonst mehrfach berichtet wird: das Beklagen und Beweinen des Verstorbenen (Gen 25,5+9f). Und Rebekka, als sie Isaak das erste Mal erblickt, fällt von ihrem Kamel (Gen 24,64f). Was war denn so umwerfend? Die Liebe auf den ersten Blick? Oder bot Isaaks Antlitz nur ein Bild des Schreckens, weil ihm „*nichts als die Qual, überlebt zu haben,*" (Erich Fried) auf die Stirn geschrieben war?! Gab es nur das zu erkennen: „*...ein gezeichnetes Ich*" (Gottfried Benn)?! Wir wissen es nicht. Aber wir sind veranlasst zu eigener Imagination und Reflexion. Was nehme ich wahr?

Unerbittlich, bedrängend drängt die Erzählung diese Frage den Hörenden und Lesenden auf. Auch wenn das Opfer nicht in Rauch und Asche aufgehen musste, bleiben doch Schrecken und Schmerz, ›Furcht und Zittern‹ (Kierkegaard). Niemals ist, was ist, schon alles. Es steht immer noch etwas aus. Darum lassen Juden noch heute, wenn eine Wohnung neu eingerichtet wird, eine Ecke frei: ohne Putz, Farbe, Tapete.

Unsere modernen Begriffe von Existenz, Subjektivität, Individualität, Personalität sind der Hebräischen Bibel fremd. Gleichwohl führt mich das, wie ich freilich nur vermuten kann, „*gezeichnete Ich*" namens Isaak, führt mich gerade sein Fehlen auf eine weitere Spur. Dreimal bietet Gen 22 nahezu gleichlautende text-strukturierende Passagen (Vv. 1c, 7, 11): der göttliche Ruf und die menschliche Anfrage an Abraham,

---

[18] Zu S. 67 unten: Bedenkenswert sind wieder Verse von Nelly Sachs: *Immer / dort wo Kinder sterben / werden Stein und Stern / und so viele Träume / heimatlos.* (Aus: „Fahrt ins Staublose", zitiert nach Stefan Gathmann:»Klippenabsturz zu Gott« [LV 13.+38.]) - Zu S. 68 oben: Wenn Luther in Gen 24,64 übersetzt, Rebekka sei vom Kamel herabgestiegen, mildert er das Hebräische beschönigend ab. – In diesem Zusammenhang erinnere ich mich an die Benn-Verse „Zwei Dinge", die zu meinem persönlichen Gedicht-Repertoire aus Jugendzeiten gehören: *Durch so viel Formen geschritten, / durch Ich und Wir und Du, / doch alles bleibt erlitten / durch die ewige Frage: Wozu? - Das ist eine Kinderfrage. / Dir wurde erst später bewusst, / es gibt nur eines: Ertrage / - ob Sinn, ob Sucht, ob Sage - / Dein fernbestimmtes: Du musst! - Ob Rosen, ob Schnee, ob Meere, / was alles erblühte, verblich, / es gibt nur zwei Dinge: die Leere / und das gezeichnete Ich.*

die er beantwortet mit: *Siehe, hier: ich!* In der Antwort auf Isaaks Anfrage fügt er vertraut hinzu: *...mein Sohn!* Hingegen kein: „*...mein Gott!*" Ist da zu Gott, so frage ich auf dem Hintergrund des bisher Geschehenen, jetzt kein Vertrauen mehr?

Auf jeden Fall geschieht hier Wahrnehmung. Also vollzieht sich Leben. Namentlich im Hören, im Antworten und im Gesehenwerden bzw. Gesehenwerdenwollen. Es geht um Aufmerksamkeit, Aufmerksamkeit für das Gesicht des Unsichtbaren: der Gottheit – Aufmerksamkeit für das Gesicht des Sichtbaren: hier des Menschen Abraham. Darin erscheint eine Bedeutung: So wenig die Hebräische Bibel - Jerusalem unterscheidet sich darin fundamental von Athen - eine Lehre vom Sein kennt, so sehr wird in ihr ständig eine Grundbestimmung von Welt und Leben wiederholt und, wenn es sein muss, wiedergeholt: Leben ist Ansprache, Anspruch und Antwort, Existieren ist prädiziert werden, rezipieren und respondieren. In diesem Sinn geht es in Gen 22 um Aufmerksamkeit und Wahrnehmung, hier um das Hören und Sehen, und auch das Gehen ist ja ein Wahrnehmen: des Raumes und der Zeit.

Wem freilich Welt und Leben sich unmittelbar und ungeschminkt darbieten, zumal in Zeiten wie der, in denen Kierkegaards Ausgangserzählung in ›Furcht und Zittern‹ ihre Endgestalt fand, dem können Hören und Sehen vergehen. Der Halbnomade Abraham, *ein umherziehender Aramäer* (Dtn / 5. Mose 26,5), wie er auch genannt wird, hatte ein Sensorium für das Unerwartete, Unerwünschte, Unerbetene, die Kontingenz des Lebens. Damit beginnt die Probe, auf die er sich gestellt sieht, von der freilich nur alle Lesenden, aber kein Abraham etwas weiß. Doch hören wir Lesenden genau auf den Text in V. 1: Das Verb *nissah / prüfen, auf die Probe stellen* steht hier in einer Form (,Piel' statt ,Qal'), die das Bestehen der Probe bereits mithören lässt, weil sie das Ergebnis bereits in den Blick nimmt, statt am Vorgang als solchem interessiert zu sein. Dieser ,Faktitiv-Resultativ' ist im Hebräischen keineswegs selten. Deshalb konnte, wer damals die Erzählung hörte oder las, verstehen: *...ließ [ihn] sich bewähren*, will heißen: Die Gottheit, indem sie „auf die Probe stellt", indem sie „prüft", rechnet mit „Bewährung". So wird wieder ein Imaginations- und Reflexionsraum eröffnet, in dem ich mich selbst fragen, prüfen kann, ob ich die folgende Zumutung kenne und wie ich mich verhielte, ginge es ums Ganze, Alles oder Nichts, Leben oder Tod. Dabei erinnere ich daran: Als die Textkomposition Gen 22 ihre Endgestalt erhielt, ist dieses Leben-in-der-Gefahr, dieses Stehen-auf-Messers-Schneide, dieses radikale Gefordertsein Lebensalltag, in dem es keine Rückversicherung gibt. Ist es, bei Licht besehen, heute anders?

Der Auftrag als solcher lässt nun aber Hören und Sehen vergehen in einem Übermaß! Den *Sohn, deinen einzigen, den du liebst, den Jizchak* preiszugeben als Brand- und das heißt: als *Ganz*opfer, bei dem nur noch Rauch und Asche und unverbrennbare Knochenreste bleiben: „...*dein aschenes Haar, Sulamith*..." (Paul Celan: Todesfuge), ist das Unvorstellbarste, was sich vorstellen lässt. Doch hat Abraham das und nur das gehört, hören das und nur das diejenigen, die sich der Erzählung aussetzen?

Rein sprachlich klingt in der Anweisung, in ein Land zu gehen, das, auf einen Berg, der keinen bekannten geographischen Ort hat, in einem Wortspiel das Sehen an. Hier wird noch einmal die Aufmerksamkeit verstärkt, das Wahrnehmen hervorgerufen. Und sofern bei ,'olah' auch die Urbedeutung „*aufsteigen*" mitgehört werden kann, kann der Auftrag den gemeinsamen Aufstieg zum Zweck einer gemeinsamen Opferhandlung intendieren. Wir wissen es nicht. Das macht uns das Wahrnehmen und Verstehen aber keineswegs leichter. Denn wer ernsthaft hört oder liest, wird sich zur persönlichen Stellungnahme herausgefordert wissen! Wie verstehe *ich* einen solchen Auftrag? Wie Abraham muss auch ich mich entscheiden angesichts letzter Anforderungen, ja Überforderungen, vor die ich im Leben gestellt bin. Steht mir dabei wenigstens dieses vor Augen: Freiheit ist immer „ungesicherte Freiheit" (Abraham J. Heschel), ich kann sie auch verfehlen?! Umgekehrt: Was wäre das für eine „Freiheit", die ich *nicht* verfehlen könnte?! „Freiheit" habe ich nur in der „Freiheit" zum unethischen Verhalten. Erst die un-bedingte Forderung begründet meine „Freiheit". Das rechtfertigt nicht ihren Inhalt, der einen Tötungsakt intendiert, könnte jedoch dessen tieferer Grund sein.

So wenig ich die zweite, mildere Verstehensvariante ausschließen will, so sehr scheint mir gerade hier die ‚lectio difficilior' ihren Anspruch zu erheben: Isaak soll - horribile dictu - das Opfer sein. Dieser Auftrag ist es, den Abraham vernimmt. Eine Zumutung sondergleichen. Sie hört sich dem Wortlaut nach an wie der ja schon ungeheuerliche Auftrag Gen 12,1, als gestandener Mann mit allem Hab und Gut die Heimat zu verlassen und dann im gewiesenen Land Kanaan nichts anderes als ein geduldeter Migrant, eben *ein umherziehender Aramäer* zu sein, der mit allen Stämmen, die da auch schon sind an den wenigen Oasen mit frischem Wasser, jeweils einen modus vivendi aushandeln muss (vgl. z. B. Gen 21: Abimelech von Gerar). Ja, Gen 22,1 ist in der sprachlichen Form eine Wiederholung von Gen 12,1. Dabei bleibt völlig offen, wo und wann sie geschieht, d. h. sie ist eine Wiederholung im Lebensvollzug. Sie ist, denke ich, die „Stimme", die auch wir immer wieder im Vollzug unseres Leben hören, sei als Vergewisserung, sei es als Verstörung. Hier bedeutet sie Verstörung.

Denn die Stimme in Gen 22,1 ist, verglichen mit dem Ruf ins neue Land in Gen 12,1, hinsichtlich ihres Inhalts etwas ganz anderes:

Dieses nun Geheißene ist die Rücknahme des Verheißenen! Denn das Land und der Sohn und mit ihm der Same, aus dem viele Völker entstehen sollen, sind der Inhalt der Verheißung, so miteinander verbunden der Telos seines Lebens (vgl. Gen 15). Und dieser Sohn Isaak wird der Sara und dem Abraham in einem Alter geboren, indem Sara für das Mutterwerden längst zu alt ist (Gen 21,1-7). Da „Gott" mitten im diesseitigen Leben jenseitig ist, d. h. die *schechinah*, die ‚Einwohnung', ja die ‚Gegenwart' als solche, dementiert dieser Theos jeden bloßen Theismus - als nähme er den Atheismus vorweg. In der Ungeheuerlichkeit und Maßlosigkeit dieser unethischen Forderung macht „Gott" sich gleichsam anders als anders, fremder als fremd, verborgener als verborgen, begegnet als Alterität über alle Alterität hinaus.

Wenn Abraham nun diesem Ruf dennoch folgt, dann hört er ihn zwar als *sein* ihm eigenes „*...fernbestimmtes: Du musst*", aber „gehorsam" - „gehorsam" ist er gerade nicht! Denn Abraham glaubt auf eine zweifache Weise gegen „Gott". Erstens steht dieses Gottesgebot gegen das göttliche Tötungsverbot. Als es um die Rettung seines Neffen Lot und dessen Sippe vor dem Feuersturm über Sodom und Gomorrha geht, handelte, ja feilschte Abraham mit „Gott", indem er *stehen [blieb] vor dem* HERRN (Gen 18,16-33). Jetzt geht er - zweitens - los, wild entschlossen, dem neuen Geheiß zu folgen, das - ja, eben - die Rücknahme der Verheißung ist.

Diese Unbegreiflichkeit Gottes - d. h. des Lebens selbst und die der eigenen Existenz - ein Leben lang auszuhalten, kann, wie es im Hebräischen genau heißt, ein Glauben *in* „Gott" gegen „Gott" sein. So fordert Abraham auf dialektische, ja paradoxe Weise die Verheißung ein. Gegen „Gott", dennoch in „Gott". Wenn Abraham sein Gottespfand, seinen Sohn Isaak, darbringt, hingibt, gibt er sich zwar auch selbst auf, aber er fügt „Gott" den Schaden zu, den dieser verursacht. „Gehorsam" wäre wohl etwas anderes. Mit diesem Wort ist dieses Geschehen keinesfalls zu fassen. Es ist in Wahrheit - „Ungehorsam" (Omri Boehm). Und darum, da hat Kierkegaard Wesentliches erkannt, bleibt Abraham stumm statt zu reden. Sein Gehen im Schweigen ist seine zweite Antwort - die sagt mehr als Worte ausdrücken können. Es ist ein überaus „beredtes Schweigen".[19]

---

[19] Wenn Kierkegaard in ›Furcht und Zittern‹ das Schweigen - genauer: Nicht-Reden - Abrahams betont, nimmt er damit in eigener Wendung und Zuspitzung einen Gedanken Martin Luthers aus seinen Genesis-Vorlesungen 1535-1538 auf. - Vgl. Jürgen Ebach [LV 11.]. - Geradezu aufregend die Umkehrung am Schluss des Gedichtes „Abraham" von Peter Huchel (Die Gedichte, st 2665, Frankfurt/M. 1997, S. 11): *Da fiel auf Gott die Angst.* - Siehe S. 93 Yehuda Amichai.

Auf jeden Fall ist diese Sprachlosigkeit etwas anderes als etwas Psychologisches. Der Ausleger Gerhard von Rad schreibt: *„An der Spitze der Erzählung als ihr erstes und wichtigstes Subjekt steht das Wort »Gott«. Aber dieses Offenbarwerden Gottes über Abraham bedeutet kein tröstliches Auflösen der Lebensrätsel, im Gegenteil, ihre äußerste Steigerung. ... Vollzog [Abraham] das Opfer, so erlosch ihm das Licht, das Gott in sein Leben gestellt hatte. Vollzog er es nicht, so war er an Gott gescheitert. Der Ort, an den Gott ihn hinausgeführt hatte, war der einer Gottverlassenheit."*[20] Von dieser Abrahams-Erfahrung her charakterisiert von Rad den Glauben Israels so: *„Da ist also kein Dunkel außerhalb Gottes. Alles Dunkel, das Abraham überfällt, ist in Gott versammelt. ... Aber das alte Israel dachte über das den Menschen im Leben erschreckende Dunkel [so, dass] es außerstande war, eine in der Welt waltende böse Macht anzuerkennen, die sowohl Gott wie den Menschen objektiv gegenüberstand. Offenbar war es ihm leichter zu ertragen, dass sich ihm zu Zeiten sein Gottesbild verdunkelte, als die Macht und Freiheit seines Gottes von einem in der Welt vorhandenen selbständigen Bösen eingegrenzt zu sehen."* Das aber bedeutet: Was uns in Abraham als Glauben entgegentritt, ist die Kunst, *gegen* Gott zu glauben!

Eine Kunst, die mit „Freiheit" zu tun hat.[21] Kann menschliche „Freiheit" wirklich gedacht und wahrgenommen werden ohne freies Gegenüber, das auch seine Ansprüche frei, jenseits aller normativen Vorgaben artikuliert?! Und wenn Moralität aus der Freiheit des Menschen kommen soll – dann muss doch auch eine Freiheit zur Unmoralität mitgedacht werden!? Dann aber, könnte er sie diesem Gegenüber nicht entgegenhalten, blieben die Ambivalenzen, Antinomien und Aporien der Autonomie ganz und gar selbstbezüglich, sie bänden, fesselten den Menschen in sich selbst. Der Gottesglaube ist kein beschwichtigender Trost, er macht aus dem Tragischen das Absurde. Gleichwohl bietet vorzüglich er die Möglichkeit, eine Adresse zu geben dem, was uns erst menschlich macht: dem Schmerz und der Trauer - nicht zuletzt über die eigene Irrtumsanfälligkeit und Fehlsamkeit. Ohne Einsicht in die Vulnerabilität und Fragmentarität, die Ambivalenzen, Paradoxien und Aporien humaner Existenz, die anderer und der eigenen, hat auch freie Selbstbestimmung keinen Bestand.

Im Sinnbild der Isaak-Gestalt hat sich der jüdische Schriftsteller Eli Wiesel (*1928) als einen Überlebenden, einen Entronnenen der Shoa bezeichnet. Im KZ Buchenwald,

---

[20] Gerhard von Rad [LV 34.], S. 23, 32, 34.
[21] Auf meinem Schreibtisch liegen handschriftlich abgeschrieben (leider ohne genaue Fundstelle, doch siehe im [LV 18.+19.] Worte von Abraham J. Heschel: *Es gibt keine Freiheit ohne Ehrfurcht. Wir müssen lernen, lange zu schweigen, um einmal reden zu können. Wir müssen viele Lasten tragen, damit wir die Kraft haben, ein einziges Mal in Freiheit zu handeln.*

als 15-jähriger Junge, etwa im Alter Isaaks, sah er seinen Vater neben sich qualvoll sterben, krepieren. In den 1950er Jahren entlehnte er aus Gen 22 die Bezeichnung ‚Holocaust' und bezog sie auf das Ungeheuerlichste, das einem das Blut in den Adern gefrieren lässt, das aber mitten in unserem Land, dem „Kulturland Deutschland", geschah. Elie Wiesel hat sinngemäß gesagt: *Der Holocaust ist weder mit Gott zu denken noch ohne Gott auszuhalten.*

Mir scheint, mit Abraham steht jeder Mensch, ob gläubig oder nicht, wenn er / sie nur nach einem noch so schwachen Sinnfunken sucht, in dieser Paradoxie des Lebens. Doch was geschieht in dieser Paradoxie? Was geschieht, wenn Menschen ohne Worte ihren Weg gehen? Dass er „geht", wird jeweils als Variante des Wortstamms *h-l-ch* insgesamt siebenmal, also in „heiliger Zahl", also „Ewiges im Jetzt" (Paul Tillich), also mit Gewicht und Bedeutung gesagt - als etwas, das zum Leben gehört und eine bestimmte Weise der Wahrnehmung von Lebensraum und der Erfahrung von Lebenszeit ist. Es verdiente eine eigene Betrachtung. Doch jetzt nur zu seinem ersten Gang:

Könnte Abrahams schmerzhafte Stummheit, seine zum Himmel schreiende Wortlosigkeit doch auch ‚Schweigen' in einem qualifizierten Sinn sein? Denn in dem Geheiß, das die Verheißung in ihr Gegenteil verkehrt, steckt ja immer noch ihr Ursprungssinn. So kann noch der Abraham, dem die Worte fehlen, das einmal gehörte Wort nicht abschütteln, kann das neue Geheiß die alte Verheißung nicht ungeschehen machen. In ihrer Rücknahme wird sie als Erinnerung wiederholt, neu zum Leben erweckt. Die Erinnerung jedoch ist das Zuinnerste, das Zugeeignete und Angeeignete. Diese Verstörung schiebt alles Störende beiseite. Gerade die Exzentrizität ruft die Intentionalität wach, Retention und Protention (Arnold Metzger in Aufnahme von Edmund Husserl). Denn Erinnerung weckt Erwartung. Indem Abraham durch den ungeheuerlichen Auftrag so etwas wie ein Außer-Sich erlebt, von dieser Grenze her, die mit einem alle Grenzen überschreitenden Auftrag verbunden ist, vermag er sich wahrzunehmen als einen un-bedingt Angesprochenen und Inanspruchgenommenen.[22]

Auch als ermächtigten Menschen darf er sich erkennen: So wenig er Leben aus sich heraus schaffen kann, so sehr kann er es abschaffen. Mit seiner eigenen Existenz steht er aus dem Nicht-Sein, dem Grundlosen und Abgründigen, dem Unerfahrbaren,

---

[22] Vgl. dazu Martin Buber [LV 7.], S. 316 (hier in eigenen Worten): „Man fragte Rabbi Schmelke, ob Abraham schon eine so hohe Stufe der Heiligkeit erreicht habe, aufgrund der er das Gotteswort sofort erfüllen konnte. R. Schmelke antwortete: »Im Gegenteil. Wenn der Mensch versucht werden soll, werden alle Stufen der Heiligkeit von ihm genommen. Alles Erreichten entkleidet, tritt er vors Angesicht des Versuchenden.«

Nicht-Offenbaren, Verschlossenen heraus, aber er kann Seiendes, zu dem er selbst gehört, verneinen und vernichten (Arnold Metzger). Als einen solchen Menschen muss er sich erkennen, um der Gefahr widerstehen zu können, die in seiner Macht liegt und die enthalten ist in blindem Gehorsam, zumal gegenüber dem, dem die seins-gründende und -begrenzende Macht in ihrem Ursprung zugeschrieben wird.

Umso wichtiger ist es, dass zumindest alle, die diese Erzählung rezipieren, jenen anderen Klang vernehmen: Der Name des unbekannten Landes *morija* mit dem Berg, der Abraham noch „gesagt" (V. 2d), zu dem er noch gewiesen werden wird, kann auch wie „Land des Sehens" gehört werden. Was wird dort zu sehen sein? In der Verschränkung von Erinnerung und Erwartung sind die Rezipienten nach ihrer Wahrnehmung gefragt.

Mit einem kleinen Gedankensprung: Wie könnte dann, im Vollzug solcher Wahrnehmung, Abrahams „Glaube" bezeichnet werden? Sein „Glaube" ist „Ergriffensein von dem, was ihn un-bedingt angeht" (nach Paul Tillich).

In Gen 22 wird erzählt, was Glaube als un-bedingt Angehendes, un-bedingtes Angegangensein, unausweichlich Betreffendes bedeutet für das Gottesbild. Denn die Paradoxie, von der ich in Aufnahme von Kierkegaards Interpretation sprechen musste, wird in „Gott" hinein gedacht, statt auf mehrere Götter verteilt zu werden. Diese Erzählung ist nämlich in starkem Maß strukturiert von den beiden unterschiedlichen Bezeichnungen für „Gott": ÄLOHIM und YHWH (sprich: *adonay*). Auf dem Hintergrund des Monotheismus ist davon auszugehen, dass es hier um *Identität* und *Differenz* im Bild des Einen Gottes geht. Als der, der das Menschenopfer fordert, ist „Gott" DER ÄLOHIM (Vv. 1+3[+8]) - als der, der das Menschenopfer verhindert und einen Widder als Ersatz schickt, ist „Gott" YHWH (Vv. 11[+14]+15+16). Das ist die Differenz zwischen der „Gottheit" ÄLOHIM, die keinen eigenen Namen hat, die im Inkognito bleibt, im Anonymen, den Menschen angehend nur im *„fernbestimmten: Du musst"*, wahrnehmbar nur als Stimme, die den Tod verlangt und deshalb nah ist in seiner tiefen Fremdheit und Verborgenheit, und dem „Gott" mit dem Eigennamen YHWH, der in der respektvollen Umschreibung *adonay* genannt wird, dessen Stimme für Isaaks Leben eintritt, der nah ist in Lebensbewahrung und Raum schafft für Abrahams Bewährung. YHWH - das ist der Name Gottes, das ist Gott als Name mit personaler Qualität, abgeleitet aus dem hebräischen Wort für „sein" (*h-y-h*), dessen neun Übersetzungs- bzw. Bedeutungsvarianten[23] Buber / Rosenzweig zusammenfassen in DER ICH BIN DA. Wo

---

[23] Es handelt sich um die Selbstvorstellung Gottes im Namen aus Exodus 3,14 (Stimme aus dem brennenden, aber nicht verbrennenden Dornbusch, die Moses anredet und mit der Befrei-

ÄLOHIM ruft und in Anspruch nimmt, will YHWH angerufen und in Anspruch genommen werden. In diesem Namen, dem Ausdruck innerer Transzendenz, die GOTT nicht als räumliches davor, darüber, da draußen und da drüben missversteht, kann der Mensch sich verstehen aus dem her, wohin er verlangt (nach Arnold Metzger).

Diese „unendliche Oszillation" (Karl-Friedrich Kiesow) von Differenz und Identität zeigt sich in Gen 22 in folgenden Relationen von Sätzen mit Variationen des *Schlüssel- und Leitwortes* „sehen" (r-'a-h). Auf Isaaks besorgte Frage, wo denn wohl das Opfertier sei (V. 7), antwortet Abraham, DER ÄLOHIM - das wird ihm durchaus zugetraut - werde sich ein Opfertier *„(er)sehen"*. Der Name, den Abraham dem Ort gibt (V. 14), nimmt diese Aussage auf: YHWH *(er)sieht*, sodass hinfort der Berg genannt wird: YHWH *läßt sich sehen.* Mithin ist DER ÄLOHIM, der sich das Opfer ersehen hat, als YHWH erkennbar geworden.

Eines sei noch beachtet: das Wortspiel in V. 12 zwischen r-'a-h und y-r-h, zwischen „sehen" und „fürchten". Wenn der YHWH-Bote Abraham *gottesfürchtig* nennt, ist eben mitzuhören bzw. könnte, ja müsste bei nur geringfügig anderer Vokalisation gelesen werden, wie Abraham *aufmerksam* auf Gott war, also den rechten Blick hatte; auch Abraham war einer, der „gesehen" hat. „Gottesfurcht" ist also eine Art ›Furcht und Zittern‹, die mit Wahrnehmung zu tun hat, in der es um Erinnerung und Erwartung geht, die selbst in Schrecken, Scham und Schuld nicht nur in Tragik erstarrt, sondern bewegt in tiefer Trauer das letzte Wort niemals das endgültige, abschließende, alles Weitere verschließende Wort sein lässt. Noch in seinem so eigentümlichen „Schweigen", glaubend *gegen* „Gott", spricht Abraham zu Ende, was nicht das letzte Wort behalten darf.

Mithin hat Abraham die „Probe" bestanden. Er hat sich „bewährt". Er hat sich „versuchen" lassen. Am Ende aber war er der ersten Stimme gegenüber *ungehorsam*, ohne ihr *auszuweichen*, die Treue *aufzukündigen* und DEM ÄLOHIM sein Liebstes und Bestes *vor[zu]enthalten* (V. 12), d. h. Seiendes ins Nicht-Sein zu stoßen, indem er -

---

ung Israels aus der ägyptischen Gefangenschaft beauftragt): *ächjä aschär ächjä*, jeweils korrekt übersetzt mit: *Ich bin, der ich bin. Ich bin, der ich war. Ich bin, der ich sein werde. Ich war, der ich war. Ich war, der ich bin. Ich war, der ich sein werde. Ich werde sein, der ich war. Ich werde sein, der ich bin. Ich werde sein, der ich sein werde (als der ich mich erweisen werde).* Handelt es sich bei ÄLOHIM und anderen Gottesbezeichnungen wie ÄL-SCHADDAJ, HA-MAKCM, HA-SCHEM, ZEWAOTH um eine generelle bzw. nur bestimmte Funktionen Gottes artikulierende Verborgenheit, die sich letztlich in Unsagbarkeit verliert, repräsentiert YHWH als ständig in vielfältigen Nuancen sich variierender und oszillierender Eigenname die Wirklichkeit Gottes als präzise Verborgenheit, als Geheimnis (der Welt) im Unsichtbaren wie im Sichtbaren, im Sagbaren wie im Unsagbaren, im Namen und über alle Namen hinaus, als Transzendenz inmitten der Immanenz. - Näheres siehe Anja Angela Diesel [LV 9.].

gleichsam durch die erste hindurch - die zweite Stimme *gehört* hat, ihr *gefolgt* ist und, nachdem er *seine Augen erhob*, den im Gestrüpp verfangenen *Widder sah* (V. 13), den er dann anstelle von Isaak opferte. So in seinem Gottsein, seiner Alterität anerkannt, kann DER ÄLOHIM werden zu YHWH - und statt sich ein Opfer *geben* zu lassen, das sich in Vernichtung einer menschlichen Existenz gegen ihn selbst richtete, dem Abraham ein Opfertier, den Widder, schenken und Isaak seinem Vater zurückgeben."[24]

Mit Worten des Exegeten Jürgen Ebach ziehe ich ein Zwischenfazit:[25]

„*Abraham hat auf beide Stimmen gehört. Er hat aber auch darauf gehört, dass das Wort ‚des Elohim' nicht das letzte Wort ‚Jhwhs' war, sein konnte. Und noch einmal hält V. 12 fest, dass eine glatte Aufspaltung von ‚Elohim' und ‚Jhwh' in zwei ‚Instanzen' das Problempotential des Textes unterschreitet. Denn dort wird Abraham seine ‚Elohim-Fürchtigkeit' ausdrücklich als rechtes Tun angerechnet. Wäre ‚Elohim' im Sinne dualistischer bzw. ‚prä-gnostischer' Auffassung ein anderer, böser, versuchender Gott, so hätte Abraham auf ihn nicht hören dürfen. Hätte er aber nicht ‚Elohims' Stimme Folge geleistet, so hätte er ‚Jhwhs' Stimme nicht hören können...*".

Identität und Differenz dieser Gotteserfahrung hat Martin Luther in die Unterscheidung von *deus absconditus* und *deus revelatus* zu fassen versucht. Damit hat er die Empfehlung verbunden, zu fliehen vom verborgenen, fremden, feindlichen Gott zum offenbaren, freundlichen, gnädigen Gott, wie er sich in Jesus Christus zu erkennen gibt, in dem Gott keinen anderen, sondern einzig sich selbst hingibt. Glauben, als Ergriffensein von dem un-bedingt Angehenden, bedeutet also, „*Gott um Gott zu bitten*" (Johann B. Metz), immer wieder. Weiter kommt der Glaube nicht. Luther sprach davon, mehr als eine „*getroste Verzweiflung*" sei Glaubenden weder erreichbar noch nötig. Auch das ist eine Konsequenz aus Gen 22. Es sei denn, ich erkläre Gott für tot - und nehme in Kauf, dass mich die Paradoxie, die Kierkegaard als eine existentielle aufgewiesen hat, auf andere Weise bindet, ob eingestandener- oder uneingestande-

---

[24] Der biblische Opfergedanke ist auf vorgängige Nicht-Reziprozität statt auf Reziprozität gebaut! Die Gottheit soll nicht umgestimmt werden, sondern ihr wird mit einer Gegengabe aus der Fülle ihrer Gaben gedankt! - Man kann und muss selbstverständlich fragen, ob das Lebewesen Tier, in Gen 1 wie der Mensch *näfäsch hayyah / beatmetes Leben* genannt, denn geopfert werden dürfe. Im Christentum ist jedes Opfer eines zuviel, es sei denn freiwillige Selbsthingabe aus Liebe (Jesu Kreuzestod).

[25] Jürgen Ebach [LV 10.], S. 10, 11, 12, der, mich in gewisser Weise an Friedrich W. Schelling (1775-1854) erinnernd, seine Exegese auf das (per se unlösbare) Theodizee-Problem anlegt, um das auch nach meiner Auffassung im Kern in Gen 22 gerungen wird: „*Es gibt ‚Übel', die Gott nicht will, die er aber ... zulässt. Formuliert man so, wird erkennbar, warum und wie die Erzählung in 1. Mose 22 einen Kontrapunkt setzt. Denn erzählt wird ja nichts anderes, als dass Gott hier etwas ‚Übles' will, aber nicht zulässt. Es ist ... diese Umkehrung des Problems, die diese Geschichte in der Beziehung auf die Theodizeefrage auszeichnet.*" (ebd., S. 10f).

nermaßen im Wissen um das, was fehlt. Will der Mensch alles alleine schultern, mag er sich zum Herkules, zum Atlas küren und im Weltgeschehen Täter und Opfer, Ankläger, Anwalt, Verteidiger, Richter, Begnadiger und Begnadigter, Kranker und Arzt ineins sein wollen. Doch wann haben sich solche Übermenschen als wahre Menschen erwiesen? Jedenfalls war Abraham weder der erste und - furchtbarerweise - noch weniger der letzte Mensch, der sein Messer an die Kehle eines anderen Menschen gelegt hat, auch wenn sie einander nahestanden. Und nicht nur gelegt hat, was schon schlimm genug ist. Immer wieder wird in erschreckender Weise Gewalt als einzig gebotener, allein möglicher Ausweg und letztes Wort betrachtet einer - welcher denn? - gebietenden Macht.

Dazu noch einmal Jürgen Ebach: *„Die Forderung ‚des Elohim' ist Gottes Forderung, aber nicht Gottes letztes Wort. Erst als ‚Jhwh' lässt Gott sich wirklich sehen - nicht als ein anderer, wohl aber anders, als es von V. 1 her erscheint."*

Von daher richte ich den Blick wiederum auf Isaak. So wie er am Schluss, beim Gang nach Beerscheba (V. 19), unerwähnt bleibt, hat ihn die christliche Exegese häufig, bisweilen selbst die jüdische Exegese nur wenig beachtet. Dabei *muss* man Isaak vermissen, ist er doch derjenige, dem sein Vater Abraham die schweren Brandopferhölzer aufschultert (V. 6), wie später KZ-Häftlinge ihre Mithäftlinge vor der Verbrennung in Namens- und Zähllisten und nach der Verbrennung in Massengräbern verscharren mussten. Vor allem ist Isaak in V. 7 der Aktive, der Abraham anspricht und anfragt. Der sprachlichen Struktur nach entspricht Isaaks sehr menschliche Anrede dem göttlichen Anruf, allerdings ergänzt um das familiär-vertraute: *mein Vater*. Die Antwort Abrahams ist, wiederum nur ergänzt um ein familiär-vertrautes, responsives *mein Sohn*, genau dieselbe wie die gegenüber DEM ÄLOHIM. Hier steht also die menschliche Ansprache und der menschliche Anspruch auf derselben Ebene wie die göttliche Ansprache und der göttliche Anspruch. Mithin bleibt eine durchgängige biblische Linie erhalten, dass im Blick auf Lebensrechte und Lebensschutz die *göttliche* Ansprache sich realisieren kann im *menschlichen* Anspruch. Im unbedingten Anspruch an mich, der mich aus dem „Antlitz des Anderen" heraus erfasst und festhält, fällt Gott ein in meine Existenz. Nach Emmanuel Lévinas der „Humanismus des anderen Menschen", das Außer-Sich, das überhaupt erst zum Zwischen-Uns führt. Die Quelle meines Humanismus bin keineswegs ich selbst, sondern die Anderen sind es. Ich wird aus Mich und Dich, betroffen von einem anderem Ich, einem Du: aus dem erst konstituiert sich mein Ich.

Was bedeutet es, einem Menschen zu begegnen? Es bedeutet, an ein Geheimnis erinnert und zu neuer Erwartung geweckt zu werden. So wird Abraham durch Isaaks Frage erinnert. An ihr entzündet sich eine weitere Frage, ein anderer, andersgerichteter Auftrag Gottes. Der muss gleichsam die Spannung und Anspannung in Abraham, seine Erregung auf ein Höchstmaß steigern - und wird doch zugleich zum Motor der Erwartung. Einer Erwartung, die sich auf das Sein-Selbst richtet, das nun die entschlossenste Richtung nimmt auf das Leben statt auf den Tod, aus der Möglichkeit in die Wirklichkeit. Mitten im Schritt von der Erinnerung zur Erwartung scheint sie auf: die wahre und wirksame *Innerlichkeit*, auf die mich nach meinem Eindruck zumal Kierkegaard aufmerksam machen will, der im Mythos „lässt äußerlich vor sich gehen, was innerlich ist".[26] Nichts Psychologisches, sondern ein Existentiell-Philosophisches. Denn es ist die Bewegung des Seins in einem relationsontologischen Sinn: hin zur Beziehung zwischen Seiendem, die Seiendes, die Existenzen sich erst unterscheiden und das Zuinnerste erst sich ausbilden lässt. Kann das Sein ohne den Gedanken an das Nicht-Sein gedacht werden? Wüssten wir um das erfahrbare Leben ohne Wissen um den unerfahrbaren Tod? Nein. Erst in der polaren Entsprechung der Gegensätze wissen wir um das Eine und das Andere. In diesem Sinn: Erst Alterität schafft Identität und Individualität. Andersheit erst schafft Personen, die durch ihre Einzigartigkeit voneinander unterschieden sind, statt durch ihre Unterschiedlichkeit einzigartig zu sein. Solche Personen können es „wagen, Einzelne zu sein", wie es bei Kierkegaard heißt.

Dann hat Abraham, statt gelogen zu haben, letztlich doch die Wahrheit gesagt, als er Isaak Hoffnung machte: Ä*LOHIM* - hier ohne Artikel, also schon nähergerückt - *ersieht ... sich ... das Tier zum Brandopfer, mein Sohn!* (V. 8)[27] Besonders das Bild von Marc Chagall gibt wieder, wie die Hinwendung zum Engel die erneute, erneuerte Zuwendung Abrahams zu Isaak bewirkt, indem er ihn freigibt. Das Göttliche ist bei Chagall, dem Bilderverbot getreu, stets weiß. Isaak ist ebenso weiß wie der Engel - als identifiziere sich GOTT mit Isaak. Hier wird - in fast schon inkarnatorischem Sinn - gleich-

---

[26] Zitiert nach Arnold Metzger [LV 29.], S. 194, der als Fundstelle Kierkegaards Schrift: Der Begriff der Angst, p. 41, angibt.
[27] Ein anderer Gedanke: In einer Hinsicht könnte das die abgründigste Stelle sein. Denn es bleibt unklar, wer das noch zu ersehene Brandopfer tatsächlich ist: Vielleicht doch der wie ein Tier zur Schlachtbank geführte und ausgelieferte Isaak? In anderer Hinsicht spricht Isaaks in der Frage erkennbar werdendes Selbstbewusstsein dagegen. Hier fragt und handelt einer kraft seiner selbst, zumal Isaak kein kleiner Junge mehr war, sondern ein Religionsmündiger nach abgelegter „Bar-Mitzwa". Legt man die freilich mehr symbolisch als faktisch chronologisch zu verstehenden Altersangaben von Abraham und Sara, die mit 100 Jahren Isaak geboren haben und mit 137 Jahren gestorben sein soll, zugrunde, war Isaak um die 37 Jahre herum alt.

sam die Stimme Gottes zum Leib des Menschen. Und wo der Unsagbare sich sagt, muss das Unsägliche aufhören. Immerhin, Isaak ist, wie vorhin angedeutet, ja auch Gottes Einwohnung (*schechinah*) in Abrahams Leben, das wahre Worumwillen seines Daseins. Zugleich ist Isaak *neues* Leben, denn er liegt - Auf dem Opferstein oder auf Abrahams Knien? - dort wie auf einem anderen Chagall-Bild Adam, Urbild des Menschen, unmittelbar nach Erschaffung, irgendwie schwebend, zwar auf einer *Unter*lage, doch getragen von einer anderen *Grund*lage, in diesem Sinn „erhöht".

In seiner Nacktheit und seinem Ausgeliefertsein, mit auf dem Rücken gefesselten Händen, ausgesetzt sowohl dem Anruf YHWHS als auch der Antwort Abrahams, ist Isaak das Sinnbild des Menschen als einer *„pathischen Existenz"*. Eben als *Subjekt* - in des Wortes ursprünglicher Bedeutung: das *Darunter-* bzw. *Unterworfene* (lat. *iacio / iacto*, griech. *hypokeimenon*). So lässt die Isaak-Figur, um die es in Gen 22 mindestens so geht wie um Abraham, ein Doppeltes erkennen:

Zunächst zeigt Isaaks Nacktheit seine elementare Verletzlichkeit und Schutzbedürftigkeit. Sollte Abraham diese missachten, indem er ihn wirklich tötet, stürzte er ihn in eine Verlorenheit, für die es weder eine Vorstellung noch Worte gibt. Denn der Tod ist, wie es schon anklang, das Unerfahrbare, Unauslotbare und Unbeschreibbare, das sogar jenseits aller polaren Entsprechungen - wie die der Begriffe Sein und Nicht-Sein - steht, für den es keine Kategorien und Analogien gibt. Tod ist Beziehungslosigkeit pur. Doch wird im Beginnen des Tötungsaktes (V. 10) schon Berührung notwendig. Rembrandt zeigt es in einem Bild, in dem Abraham Isaak die Augen zuhält, Chagall zeigt es in der Berührung von Isaaks Bein in Kniehöhe. Doch wer einem anderen Menschen die Augen zuhält, weiß sich von ihm in besonderer Weise angesehen: Er will, dass der Andere nichts sehen kann, vor allem dass der Andere ihn nicht ansehen soll. Doch je mehr er das will, desto deutlicher und bedrängender drückt sich ihm das „Antlitz des Anderen" auf. Die meisten Morde geschehen von hinten, weil das Gesicht ruft, gebietet: „Töte - mich - nicht! Du wirst mich am Leben Lassen!" Und je fester der Vater das Fleisch des Sohnes anfasst, desto mehr dringt in ihn die Erkenntnis ein, dass sie desselben Fleisches sind, aus demselben Samen. So wird der Absturz in die Beziehungslosigkeit auf paradoxe Weise verhindert. Ist Humanität ohne solche Paradoxie, die dem Grunde nach auf Alterität beruht: auf Transzendenz in der Immanenz, überhaupt möglich? Ob eine neue Beziehung in früherer Vertrautheit aufgebaut werden kann, bleibt allerdings dahingestellt. Aber das Band, das die beiden aneinander bindet, bleibt bestehen, nun noch einmal mit neuer Windung und Wendung kraft der äußersten polaren Spannung.

Sodann gelangt Abraham durch Isaak, der insgeheim zum Hauptakteur wird und ihn neu wahrnehmen und den Widder im Gebüsch verfangen „sehen" lässt, in einer neuen Weise zu sich selbst.[28] Hier haben wir es wieder mit einer Doppelperspektive zu tun. Es geht darum, wer für wen zu einer „Instanz" wird. In theologischer Perspektive wäre für Abraham die Gottheit diejenige Instanz, die berechtigt ist, die Preisgabe (Opfer) eines Menschen zu fordern. Das daran im Sinne der Hebräischen Bibel wirklich Wichtige ist: Der Gottheit dieses Recht zuzuerkennen, bedeutet vorzüglich, es keiner anderen Instanz zuzubilligen. Einzig ein Gott, niemals ein Mensch könnte eine solche Forderung erheben, symbolisiert das Wort „Gott(heit)" doch die Seinsmacht selbst. Im Verlauf der Erzählung Gen 22 wird in radikaler Weise deutlich: Der Gott mit Namen YHWH will kein Menschenopfer, sondern verhindert es durch ein hartes Eingreifen. Doch einzig durch sein Wort. Das Wort aber kann nur gehört werden, lässt also die Freiheit der Entscheidung, doch so, dass es diese persönliche Stellungnahme geradezu erzwingt, indem es zur genauesten Wahrnehmung drängt, unausweichlich. So wird der Raum zur Moralität (Sittlichkeit) neu eröffnet. Diese Moralität beginnt nun damit, fortan keine Instanz mehr für berechtigt zu halten, Menschenopfer zu verlangen, sei diese Instanz eine Gottheit, sei es eine Instanz, die mit quasigöttlichem Anspruch auftritt: die Religion, die Kirche, der Staat, die Geschichte, die Vorsehung, eine theistische oder atheistische oder skeptizistische oder agnostische Weltanschauung oder eine andere soziale, politische oder ökonomische Ideologie oder sonst eine Form von Dogmatismus. YHWH fällt ÄLOHIM ins Wort, schneidet ihm das Wort ab. Noch einmal: Wo der Unsagbare sich sagt, hat das Unsägliche aufzuhören.

Indem Abraham an dem gefesselten Isaak dieses erkennt, wird er von seinem Sohn „ersehen". Isaak wird, wie oben angedeutet, immer mehr zum Hauptakteur. Auch in dem Sinn, dass, indem Abraham den Isaak als eigene Person mit eigenen Lebensrechten wahrzunehmen lernt, der Vater gedrängt wird, sein im Sohn idealisiertes Selbstbild aufzugeben, um endlich auch ein eigener Mensch zu werden! Auf diese dialektische Weise wird das Kind dem Manne zum Vater![29] Der alte Vater Abraham braucht das junge Kind Isaak, um erwachsen zu werden! Stellen in dieser (nur in dieser) Beziehung Abraham und Isaak gleichsam eine Identität dar. Jedenfalls trägt Isaak wesentlich und entscheidend dazu bei, dass Abraham zu seiner Individualität und Personalität findet, ja auch zur Humanität. In der Bewahrung Isa-aks ist Abrahams Bewährung enthalten - eine Bewährung, die Abraham geschenkt wird.

---

[28] Diese (psychologisierende) Ausdrucksweise ist der Hebräischen Bibel allerdings fremd.
[29] So hat in der Seminarsitzung am 28.11.2013 Dr. Karl-Friedrich Kiesow den britischen (romantischen) Dichter William Wordsworth (1770-1850) fragend zitiert.

Das gibt die erneuerte Segenszusage in der spät eingefügten, Gen 22,1-14+19 interpretierenden Passage Vv. 15 bis 18 zu erkennen. Im Ganzen der Erzählung fällt dann ein neues Licht auf das, was mit *nicht vorenthalten deinen Sohn* gemeint ist (V. 16b). Auf der ersten Ebene ist es die Bereitschaft, Isaak zu töten und damit der Gottheit zu folgen, die ihre Verheißung zurücknimmt. Auf der zweiten Ebene ist es Abrahams Bereitschaft, den Sohn noch einmal im Licht der alten, nun erneuerten Verheißung wahrzunehmen. Denn indem er gegen die ÄLOHIM-Stimme auf die YHWH-Stimme hört, also einen hörenden Ungehorsam praktiziert, gibt er seinem Gott den Isaak als das zurück, was Isaak sein soll, wozu er bestimmt und was er wirklich ist. Statt Isaak in seiner Umklammerung festzuhalten, ihn seiner Gewalt auszusetzen und im Sohn nur sich selbst sehen zu wollen, gibt Abraham ihn frei, lässt er ihn los, lässt er ihn erwachsen werden mit allen inneren Wunden und Narben, um selbst ein Erwachsener zu sein. Das und nur das verdient „Glaubensgehorsam" genannt zu werden. Heute ein hochproblematisches, verdorbenes Wort, dessen Missbrauchbarkeit einen äußerst behutsamen Gebrauch verlangt.

Der „Glaubensgehorsam", um den es hier geht, hat eine tiefere Dimension als die bloßer Folgeleistung. Sie kann sich, theologisch ausgedrückt, auch als „Ungehorsam" im Sinne eines Hintersichlassens einer göttlichen Forderung und Sichneueinlassens auf eine göttliche Verheißung zeigen. Darin liegt das Wahrheitsmoment von Immanuel Kants Kritik, Abraham hätte der Gottheit widersprechen und ihre Forderung, den Sohn zu töten, zurückweisen müssen, zumal man niemals wissen könne, ob man überhaupt eine Stimme *Gottes* vernommen habe. Philosophisch spiegelt sich in Gen 22 wieder, wie Selbstbestimmung niemals absolut ist, sondern auf seinsgegebenen Voraussetzungen beruht - und deshalb die Suche nach der einem Menschen mitgegebenen und innewohnenden, zuinnersten Bestimmung ist, der Weg zum eigenen Leben inmitten der Antinomien der Autonomie.[30] Deshalb ist, was auch immer darunter verstanden wird, „Glaubensgehorsam", nach Kierkegaard das Wagnis, „ein Einzelner zu sein", an Wahrnehmungsbereitschaft geknüpft, an das „Hören" und „Sehen". „Hören" und „Sehen", das erbrachte die bisherige Textanalyse und -exegese, sind in ihren verschiedenen Variationen die *Schlüssel- und Leitworte* in Gen 22, das „Sehen" in besonders markanter Weise. Die Schlüssel- und Leitworte „Hören" und „Sehen" stellen

---

[30] Darum trifft Vaclav Havel Wesentliches: *„Hoffnung ist nicht die Überzeugung, dass etwas gut ausgeht, sondern die Gewissheit, dass es Sinn hat, egal wie es ausgeht."* - Jedoch: Die Hoffnung (hebr. ‚hatikva') stirbt zuletzt, aber die Liebe lebt auch da und will gerade dort sein, wo nichts mehr zu hoffen ist. Vgl. Paulus in 1. Korinther 13,13.

auch eine starke intertextuelle Verbindung dar. Jetzt weise ich nur auf drei Verknüpfungen hin:

1. Als die eifersüchtige Sara, nachdem Abraham auf Saras Wunsch hin ihre Magd Hagar geschwängert hat, sie ein erstes Mal in die Wüste schicken lässt, begegnet Hagar in tiefer Verletztheit und höchster Gefahr mitten in der Unwirtlichkeit einer Botengestalt, die ihr den Eindruck vermittelt: „So wenig ich, Hagar, bei Sara angesehen bin und wenn ich auch weitere Demütigungen zu ertragen haben werde, bin ich doch eine Angesehene." Hagar vernimmt den Namen ihres Sohnes: „Ismael", *Gott hat mein Elend erhört* (Gen 16,11c), und nennt den Namen - wieder der Name! - dessen, dem sie begegnet ist: *Du bist ein Gott, der mich sieht. ... Gewiss habe ich hier hinter dem hergesehen, der mich angesehen hat. Darum nannte man den Brunnen »Brunnen des Lebendigen, der mich sieht«.* (Gen 16,13)

2. Einige Monate später: Sara hat mit Isaak endlich selbst ein Kind geboren, es genährt und entwöhnt. Doch nun stößt sie Hagar und Ismael ganz von sich weg, damit Isaak der Alleinerbe wird. Der als Mann stets „schwache", überaus anpassungswillige Patriarch (Scheich) Abraham schickt auf Saras Betreiben Hagar und Ismael in die Wüste. Den Tod durch Verdursten unmittelbar vor Augen, wird auch Ismael, dem Nichtisraeliten nicht anders als den Israeliten, zuerst eine große Nachkommenschaft verheißen (Gen 21,18c) und dann heißt es: *Und Gott tat ihr die Augen auf, dass sie einen Wasserbrunnen sah.* (Gen 21,19). An demselben Brunnen begegnen sich später Isaak und Rebekka zum ersten Mal: *Isaak aber war gezogen zum »Brunnen des Lebendigen, der mich sieht«.* (Gen 24,62).

Diese wenigen Beispiele für gleichsinnige intertextuelle Bezüge und Verknüpfungen mögen genügen. Sie zeigen überdeutlich, dass „glauben" allererst ein „Gewahrwerden" ist.

3. Ein Wahrnehmungsakt ist ja auch, wie bereits angesprochen, der Ruf an Abraham zum Aufbruch aus der angestammten Heimat in ein neues Land, das alles andere als ein Zauberland war und in dem Abraham mit seiner Sippe große Mühe hatte, eine neue Heimat zu finden, Brunnen und Begräbnisstätte. So gehört auch Gen 12,1 mit allem Folgenden, ja auch dem nach Gen 23ff Kommenden hinein in alles das, von dem es heißt: *Und es geschah nach [allen diesen] Begebenheiten...* (Gen 22,1) Das ist mehr als eine Überleitungsnotiz. Diese unbestimmte Zeit- und Ortsbestimmung meint ein generelles Lebensmuster. In einem ganz spezifischen Sinn mit Blick auf Abraham: Er muss noch einmal neu anfangen, auf die Gottesstimme zu hören. Weil Glaube kein fester Besitz ist. Mehr noch: Weil es nicht reicht, den anderen Sohn, den Ismael, ein-

fach in die Wüste zu schicken und den Konkurrenten Isaaks billig zu entsorgen. Aus den Augen, aus dem Sinn - das ist eben das Gegenteil von „Glaube" und „Gehorsam", die doch beginnen mit Wahrnehmen, Hinhören und Hinsehen, Aufmerksamkeit und Achtsamkeit. Was Hagar und Ismael, den Fremden, irgendwie Anderen, längst galt: Gott habe sie (an)gesehen und sie hätten bereits Wasser geschöpft aus dem *»Brunnen des Lebendigen, der mich sieht«* - auch von Isaak muss es nun gelten.

Wenn auch auf eine andere Weise. Eine viel dramatischere Weise: Insofern Abraham mit seinem Problemlos-Entsorgungs-, ja Vernichtungsversuch gegenüber Hagar und Ismael an eine äußerste Grenze gegangen ist, hat er sich selbst an diese Grenze manövriert. Auch das ist ausgedrückt in dem die Verheißung konterkarierenden Geheiß der Gottheit Älohim, den eigenen Sohn, den Isaak, zu töten. Abraham erfährt, wie es ist, an einer äußersten Grenze zu leben. Das Vatersein, das er in der Verstoßung Ismaels verloren hat - durch Isaak gewinnt er es zurück. So freilich, dass der Verlust Ismaels bleibt: Abraham wird niemals mehr ein ganzer Vater sein, zumal er mit seiner Bereitschaft, auch noch Isaaks Leben zu vernichten, fortan eine ungeheure Gewissenslast zu tragen hat. Doch umgekehrt, ohne es als Rechtfertigung für Amoralität misszuverstehen: Könnte jemand ohne Gewissen jemals „ein Einzelner sein"?

Am Schluss der Auslegung soll eine Zusammenfassung, zugleich eine Auffächerung der Rezeptionsmöglichkeiten stehen:[31]

*„Gen 22 gibt keine konkrete Zeit oder Situation an, aus der die Erzählung spricht, und sie nennt keinen exklusiven Adressatenkreis: Letzterer formiert sich aus dem Kreis der Leser und Rezipienten, vielmehr aus anonymen Abrahams und Isaaks, vielleicht auch Jungknechten und Eseln, die sich in die Erzählung »hineinglauben« und dort verschiedene Funktionen übernehmen: die Esel bleiben zurück und fallen aus der Geschichte heraus; die Jungknechte begleiten den Hauptakteur bis zum bis zum Fuße des ,maqōm' und warten dort auf die versprochene Rückkehr; die einen Isaaks sind nur Opfer, deren verbrannte Überreste zum Wohlgeruch in göttliche Nüstern aufsteigen; andere Isaaks sind mächtige Opfer, denn sie wehren sich nicht und werden aus Überzeugung, als Märtyrer, geopfert; und wieder andere Isaaks kehren zurück und werden zum Gewissen derer, die sie dort hinaufschleppten - aber sie werden auch zur Hoffnung der Zurückgebliebenen, zur Hoffnung, dass Isaak zurückkehrt, wann auch immer; die einen Abrahams schleifen den geliebten Sohn den Berg hinauf, zücken das Messer, lächeln zum Himmel empor und erwarten das Attribut gottesfürchtig, als hätten sie einen längst verloren geglaubten Knochen apportiert; andere Abrahams üben*

---
[31] Stefan Gathmann [LV 13.], S. 146.

sich im Ertragen, weil sie glauben, dass eben alles einen Sinn hat und irgendwann die Stimme vom Himmel schreit, warum gerade das Sinnlose so furchtbar sinnvoll ist; und wieder andere Abrahams werden als Opfer zu Tätern; und andere wiederum zu hoffnungsvollen Abrahams in ausweglosen Situationen; und dann sind da noch die Abrahams, die mit mutigem Augenaufschlag in ihrem Leben erwachen und aus ihrer Gottesfurcht heraus weder Tod noch Gott fürchten. - Auf wen auch immer die Entscheidung fällt - der Text selbst lehrt, dass die Fragen nicht aufhören. Als wer man zurückzukehren und das Geschehene zu begreifen glaubt, es hat sich immer wieder am Text zu messen, denn dieser selbst setzt die Rahmenbedingungen für die Suche nach Intention und Intentionen."

### 5. Zu einigen Fragen von Sören Kierkegaard

Nun gehe ich auf Fragen ein, die Sören Kierkegaard in ›Furcht und Zittern‹ stellt bzw. die sich mir stellen:

1. *Hat Kierkegaard Recht, wenn er so stark auf Abraham als „Ritter des Glaubens", mithin auf seinen Glaubensgehorsam abhebt?*

Ja und Nein.

Ja: Kierkegaards Auslegung ist eine von mehreren möglichen. Sie gehört zu den besonders tiefschürfenden. Sie hat ihr Recht darin, dass in Gen 22 nur Abraham selbst: er allein, der dreimal (ÄLOHIM, ISAAK, YHWH) Angesprochene und Inanspruchgenommene ist. Die Entscheidung, vor die er damit jeweils gestellt wird, die Paradoxie und Antinomie, die er damit auszuhalten hat, die bedrängende Verborgenheit im Vernichtungswillen und die ebenso nahegehende Offenbarkeit seines Gottes, den Verlust und den Gewinn seines Vaterseins - das alles muss Abraham selbst ertragen, niemand kann es ihm abnehmen. Er ist eben ein Einzelner - und darin einzig wie jede(r) Einzelne.

Nein: In seiner Erfahrung spiegeln sich die Erfahrungen seines Volkes. Kein Abraham ist mit seinen Konflikten allein. Doch sein Ein-Einzelner-Sein will unterschieden werden von Vereinzelung und Vereinsamung. Denn es speist sich in entscheidender Weise aus dem Angesehenwerden von einem Anderen her und seinem neuen Blick für den Anderen. So sind „Glaube", „Gehorsam" gebunden an, auflagernd auf Wahrnehmung. Kraft dieser gilt allemal der Vorrang des Einzelnen vor dem Allgemeinen, wie Kierkegaard es uns so nachdrücklich vor Augen stellt.

Allerdings möchte ich vor einer möglichen Blickverengung auf ein bloßes Hier und Jetzt mit Worten von Arnold Metzger warnen, die ein Ja und zugleich ein Über-

Kierkegaard-Hinaus enthalten: „*Mächtiger als dingliche Umwelt und mächtiger als die Konventionen, Setzungen und Gesetztheiten, die den Menschen mit der Aktualität seiner Mitwelt verbinden, ist der Horizont, der ihn in die überschreitende Ferne treibt.*"[32]

2. *Gibt es eine teleologische Suspension des Ethischen?*

Ja und Nein.

Ja: Es ist Kierkegaards bedeutendes, bleibendes Verdienst, darauf hingewiesen zu haben und - namentlich in seiner völlig berechtigten Kritik am damaligen (nicht nur) dänischen Staatskirchentum - dafür eingetreten zu sein, dass das an der Bibel orientierte Christentum keine Lehre und kein Normensystem ist. Religion überhaupt ist, recht verstanden, keine Moral. Sie geht der Moral voraus. Sie ist das empfangende Herz, gleicherweise die vernehmende Vernunft, die um ihren Grund und ihre Grenzen weiß und deshalb unterscheiden kann zwischen dem Kreator und der Kreatürlichem, das sie selbst ist. In diesem umfassenden Sinn ist Religion (Glaube) Gefühl und Geschmack für das schlechthinnige Angewiesensein aus einem Unendlichen, also dem Endlichen vorausliegenden Anderen (nach Friedrich Schleiermacher), Ergriffensein von dem un-bedingt Angehenden, insofern eine „wertlose Wahrheit" (Eberhard Jüngel). Es gibt Lebenslagen, in denen der Glaube die Moral durchbrechen muss, z. B. in ethischen Dilemmata, aber nicht in tragischer Haltung oder stoischer Selbstbescheidung von Menschen (obwohl die hoch zu schätzen sind), sondern diese als „gerechtfertigte Sünder", d. h. als im Scheitern nicht gescheitert, geliebt nicht weil, sondern obwohl sie sind wie sie sind. So können Menschen sich selbst annehmen als angenommen, Selbstbestimmung praktizieren in der Kraft ihrer Bestimmung.

Nein: Diese teleologische Suspension des Ethischen ist als teleologische zugleich des Ethischen Rekreation, ja Resurrektion. Religion (Glaube) ist nämlich auch ein Reflektieren auf sowohl den Grund als auch die Grenzen von Ethik (z. B. Verantwortung). Darin ist sie die Wahrnehmung dessen, dass in der grundlegenden Responsivität des Lebens Verantwortung immer eine Antwort ist - auf eine in der Begegnung enthaltene Frage, ein Begehren, eine Sorge, eine Liebe. Darin besteht die Moral (Sittlichkeit) des Religiösen, statt dass es zu einer Werte(vermittlungs)agentur verdorben, entwertet wird! Zugleich rückt darin, das Soziale stets im Blick, das Personale ins rechte Licht. Denn das Leben jedes Isaak, jeder Sara, jeder Hagar, jedes Ismael ist für jeden Abraham eine unabweisbare Verpflichtung. Daraus folgt, um jetzt nur ein Beispiel zu nennen, mit der Gewalt, der Preisgabe von Kindern, Frauen, Männern muss Schluss

---

[32] Arnold Metzger [LV 29.], S. 215.

sein. Jetzt. Sofort. Überall: im familiären wie im öffentlichen Bereich.[33] Heinrich Heine: *„Unter jedem Grabstein liegt eine Weltgeschichte"*. Ebenso aus Heines „Winterreise", das gegen das baumfeste, unerschütterlich Deutsche und die Metternichsche Restauration nach 1815 (Wiener Kongress) mit seinen Zensurbehörden gerichtete: *„...jedoch die alte Frau kann sterben..."*.

3. *Gibt es eine absolute Pflicht gegen Gott?*[34]

Hier wage ich weder Ja noch Nein, sondern weise auf Folgendes hin:

Auch den Begriff „Pflicht" halte ich heute für schwer verdorben, darum nahezu unbrauchbar. Kierkegaard meint „Pflicht" nicht als eine, die Menschen einander ohne Gründe auferlegen. Ich verstehe den Begriff so: Schon indem wir leben, leben wir eine solche „Pflicht". Denn wir existieren aufgrund von Voraussetzungen und Grundbedingungen, die kraft der Macht des Seins vorgegeben sind und sich in unserem Eigensein und Eigensinn ständig realisieren. In diesem Sinn geht schon dem Leben wie dem „Glauben eine Bewegung der Unendlichkeit vorher" (Kierkegaard). Diese zeigt sich nicht im „System", sondern an den Rändern und in den Rissen des Daseins, im Inkommensurablen, ja Absurden, in dem Gott fremd wird, das Sein-Selbst beim Blick in den Abgrund des Widerspruchsvollen. Darum zeigt die „Bewegung der Unendlichkeit" sich wohl auch im Marginalen, was uns wieder auf den Topos der „Inkarnation" hinweist. Doch wo anders als darin werden Fragilität und Fragmentarität des Menschlichen sichtbar und anerkannt, der Mensch in seinem leibhaften Sichselbstgegebensein, im Leib als Natur, die wir selber sind (Gernot Böhme), im Gekreuzigten?

Dabei habe ich im Sinn diese Aussage des - zu Unrecht vergessenen - Philosophen Arnold Metzger (1892-1974), bei dem sich treffende Bemerkungen zu Kierkegaard finden:[35]

*„Glaube meint bei ihm [sc. Kierkegaard] das Seinsverhältnis des Menschen - das Verhältnis zu dem ‚Ewigen, das die Momente zusammenhält, die Trennungen, die in der Existenz aufklaffen'. Dies ist das Paradox des Glaubens, das Unfassliche: wir leben von Augenblick zu Augenblick, in dem Strom der jeweiligen Jetztpunkte, im Nichts von Augenblicken, in der Punktualität unseres Daseins. In diese Punktualität sterbender*

---

[33] Das schließt freilich Militäreinsätze als ultissima ratio, also zum Zweck weiterer Gewaltverhinderung und zur Schaffung der ersten Voraussetzungen für eine Friedensordnung nicht aus, lässt aber jede religiöse Rechtfertigung der Waffengewalt verboten sein: Es gibt keinen „gerechten Krieg", es kann nur einen „gerechten Frieden" geben.
[34] Bis zu dieser Frage („Problem II" - [LV 24.], S. 62ff) war die Lektüre und Diskussion im Kierkegaard-Seminar gekommen, als dieses Referat gehalten wurde. Darum gehe ich auch hier nur auf diese Fragen ein.
[35] Arnold Metzger [LV 30.], S. 87.

*Augenblicke reicht ... die Unendlichkeit (das Transfinite) hinein. Wir stoßen - das ist der Sinn des Glaubens bei Kierkegaard - in dem Fluss unseres je und je versinkenden Lebens von Jetztpunkten mit dem Unendlichen, dem Göttlichen, zusammen. Der Augenblick ist unfasslich. Er ist der Eintritt der zeitlos bleibenden Ewigkeit in die äußerste, dem Versinken ... ausgesetzte, kontinuierliche Nichtigkeit. Darin liegt das ‚Paradox' nach Kierkegaard. In dem, was kontinuierlich versinkt und was wir die Zerrissenheit unseres endlichen Daseins nennen, präsentiert sich die über allen Unterschieden und Gegensätzen liegende, unterschiedslose, göttliche Unendlichkeit."*

6. Versuch einer philosophischen Vergegenwärtigung

Die folgenden Überlegungen sind ganz und gar vorläufig, mehr eine Idee als ein Versuch, nicht ganz in sich schlüssig, auf jeden Fall unvollständig, phasenweise eine Meditation, gelegentlich nur eine Assoziation.

Dabei stelle ich den Gottesgedanken hintan. Mit Kant bin ich überzeugt, dass menschliche Erkenntnis nur a-posteriori statt a-priori möglich ist und der menschliche Verstand ebenso beim Beweisen wie beim Bestreiten der Existenz „Gottes" versagt.[36] Kants Philosophie hat meine mir anerzogene Metaphysikskepsis bestärkt. Zudem sagt mir meine Lebenserfahrung: Bei allem Erkenntnisvermögen gelangen wir stets nur bis zu einem »wissenden Nichtwissen« (Nikolaus von Kues [1401-1464], vgl. die „Negative Theologie" des (Pseudo-)Dionysos von Areopagita [6. Jh. n. Chr.]). Aber kann, wenn ich die Aussage vom wissenden Nichtwissen ernstnehme, das alles sein? Es will doch genau diese Erfahrung »wissenden Nichtwissens« reflektiert sein. Mehr

---

[36] Kant zufolge ist „Existenz" kein reales Prädikat. - Theologisch gilt ohnehin: Es „gibt" keinen Gott, den es „gibt" (nach Dietrich Bonhoeffer). „Gott" ist kein „Gegenstand" dieser Welt, selbst wenn nur Menschen „Gott" denken können. - Übrigens hat Anselm von Canterbury (1033-1109) seinen - logisch unschlagbaren - „Ontologischen Gottesbeweis" - kurzgefasst: da über Gott hinaus nichts Höheres gedacht werden könne (deus aliquid quo nihil maius cogitari potest / aliquid quo maius cogitari nequit) und da zu existieren eine höhere Vollkommenheit habe als nur gedacht zu werden, müsse die Existenz Gottes zu Grunde gelegt werden - als einen *philosophischen* Beweisgang verstanden, der mit logischen Mitteln angibt, wie Menschen über Gott denken können, wenn sie über ein letztes Seiendes, das Eine und Einende, denken wollen, was sie denkend freilich mindestens implizit stets tun. Mit anderen Worten: Wir können Gott weder ganz ausdenken noch Gott einfach nicht denken. Doch selbst bei theoretischer Beweisbarkeit Gottes wäre diese nur Ausweis eines letzten Absoluten der Begründung, dessen Identität mit dem im Medium des Religiösen intendierten totalen Sinnuniversum noch nachgewiesen werden müsste. Sehr zu empfehlen auch zu den Gottesbeweisen im 20. Jh. (z. B. Kurt Gödel) neuerdings Joachim Bromand / Guido Kreis (Hg.): Gottesbeweise von Anselm bis Gödel, stw 1946, Berlin 2011. - Der Erkenntnistheoretiker Wolfgang Stegmüller (1923-1991) stellt in seinen Untersuchungen zum Universalienstreit (z. B. in „Glauben, Wissen und Erkennen" [1974], „Metaphysik, Skepsis, Wissenschaft" [1969]) fest, es gebe keine Lösung des Nominalismusproblems (universalia [Allgemeinbegriffe] ante res oder post rem oder in re), da in jeder Art von Denken bzw. Begriffsbildung eine Evidenz vorausgesetzt und in Anspruch genommen werde.

noch: Wie sehr hängt der Skeptiker an seiner Skepsis?! Wie sehr lässt sich der Agnostiker bestimmen von dem, was er meint, nicht wissen zu können oder zu wollen?! Wie sehr „lebt" der Zweifler von Gnaden dessen, was er bezweifelt?! Im »wissenden Nichtwissen«, das zugleich ein Wissen um das Nichts ist, nehmen wir zumindest die Grenze unseres Denkens wahr. So denken wir immer am Rand, ohne Geländer (nach Hannah Arendt), hart am Absturz, dabei schon wie in einen leeren Raum hinein. Doch wären wir anders noch „denkender Wille" (Arnold Metzger)? Denkender Wille weiß: *Es liegt etwas in unserer Erfahrung, das nicht aus der Erfahrung stammt.*

> Weder kann das Wohlergehen der Kinder das Leid der Eltern rechtfertigen noch darf das Wohlergehen der Eltern die Kinder ihrer Lebenschancen berauben, z. B. durch Verbrauch unersetzbarer Ressourcen. Auf der Grundlage von dem, was unsere (Groß-)Eltern im Krieg durchgemacht haben und nach 1945 wieder aufbauen konnten, scheinen wir zur Zeit rück- und voraussichtslos auf Kosten und zu Lasten der uns folgenden Generationen zu leben.
> 
> Wurde und wird ›Isaak‹ stets dann geopfert, wann und wo auch immer andere Menschen preisgegeben werden, sei es heute als Kindersoldaten, sei es um der Karriere willen, sei es um eines Wohlstands willen, der denen, die noch geboren werden, die Zukunftsgrundlagen nimmt, sei es auf andere Weise? Sind wir alle, sollte es so sein, wie ›Abraham‹, der seinen Sohn zu töten bereit ist? Unterwerfen wir uns und unsere Kinder dem fern- und fremdbestimmten »Du musst!« einer für alternativlos gehaltenen wirtschaftlichen Vernunft?
> 
> Wenn ja, spielte die Geschichte jetzt: ›Isaak‹ nicht nur gebunden, gefesselt, sondern millionenfach dahingemetzelt, gestern, heute, morgen!
> 
> Auf die Probe gestellt sind wir allemal! Doch wo ist der ›Engel‹, der Einhalt gebietet? Fragen wir überhaupt noch nach ihm? Ist etwa die alte Erzählung vom ›Abrahams Opfer‹ bzw. ›Isaaks Bindung‹ dieser ›Engel‹, die rettende Stimme?
> 
> Immerhin könnte sie auch so verstanden werden: ›Abraham‹ ist aufgefordert, sein in ›Isaak‹ personifiziertes ideales Selbstbild, seine Träume von ungehindertem, gleichsam ›ewigem‹, auf das größte Glück der größten Zahl ausgerichteten Wohlergehen, in unserer Zeit die (kapitalistischen) Träume eines ›Paradieses auf Erden‹ endlich aufzugeben zugunsten weltweiter Humanität und Sozialität.
> 
> *Hans Joachim Schliep*

Kurzum: Ich komme um das Wahrnehmen von Transzendentalität nicht herum. Eine solche ›Metaphysik‹ könnte - und müsste - eine kritische, „tiefe Aufklärung" (Thomas Rentsch) sein, eine Vernunftkritik im Namen der Vernunft, die zwischen dem „Grund und dem Gegründeten, dem Messbaren und dem Maß" (Arnold Metzger), zwischen dem Unverfügbaren und dem Verfügbaren zu unterscheiden weiß und so allen Totalitätsansprüchen widersteht, zumal den eigenen.

Bereits in ›Furcht und Zittern‹ (1843) deutet sich an, was Sören Kierkegaard später in ›Die Krankheit zum Tode‹ (1849) knapp und klar formuliert: *„Glauben ist Sein"*.[37] Da dieser Glaube einer im Widerspruch, ein paradoxer Glaube ist, ist „Sein" für Kierkegaard zutiefst gekennzeichnet von Paradoxalität. Das zeigt sich in nuce schon an der Differenz zwischen dem Ethischen und dem Religiösen, die Kierkegaard darstellt in seiner „Stadienlehre", die ich nicht als Zustände bzw. Stufen des Menschseins, sondern als Dimensionen bzw. als Perspektiven auf das Menschsein verstehe: von der Ästhetik zur Ethik zur Religion, d. h. von der Sinnlichkeit zur Sittlichkeit zum Glauben. Im ethischen Stadium ist Abrahams Bereitschaft zum Sohnesopfer in keiner Weise legitimierbar, im religiösen Stadium bekommt er gerade durch die Bereitschaft zum Sohnesopfer den Sohn geschenkt. Kierkegaard setzt - jedenfalls in ›Furcht und Zittern‹ - auf eine unendliche Bewegung der Resignation in der Kraft des Glaubens. Stattdessen setze ich auf eine „negative Dialektik" (Theodor W. Adorno), die jeder Position eine Negation entgegensetzt, damit sich weder die Position noch eine sich etwa zur Position aufschwingende Negation absolut setzt und totalitär wird. In negativer Dialektik erscheint ‚Rettung' in dieser Differenz, im Bruch, im Schmerz. Anders gesagt: ‚Erlösung' mag aufscheinen gleichsam als Ton, der wie in „Dr. Fausti Wehklag'" jenseits des verwehenden, schmerzvollen letzten Tons wahrgenommen werden kann, obwohl er nie gespielt wird, „als ein Licht in der Nacht", jenseits eines die Nacht erhellendes Lichtes (vgl. Thomas Mann: Dr. Faustus). Mithin kann kein Zustand als vollendet und damit absolut und total ausgegeben werden.

Gleichwohl wächst aus dieser (transzendentalen) Negativität eine Praxis, die im anderen Menschen stets das ‚Unendliche' erkennt und achtet. Von daher bekommt für mich die Aussage Arnold Metzgers Geltung und Gewicht: *„Das Martyrium der Existenz ist eine wesentliche Kategorie der Seinsgeschichte des Menschen."*[38] So kann und muss gedacht werden, dass sich dem Menschen in seinem Sein das Sein-Selbst (ein für Adorno unbrauchbarer positivistischer Begriff) gleichzeitig sagt als auch *versagt*.

---

[37] Zitiert nach Henning Schröer: Kierkegaard, in: Theol. Real-Enzyklopädie Buchst. ‚K', S. 144.
[38] Arnold Metzger [LV 29.], S. 261, Seitenangaben hinter folgenden Zitaten beziehen sich auf dieses Werk.

Was dem Menschen als je Seiendem gegeben ist, entzieht sich ihm, schon dadurch, dass er es verlieren, es ihm genommen werden kann. Es ist vor allem der andere Mensch, der mir entzogen bleibt, damit er mir erscheinen und von mir wahrgenommen werden kann. So sind Menschen einander verborgen, damit sie füreinander sichtbar werden. Menschen zu begegnen heißt eben: ihrem Geheimnis zu begegnen.

Ein Zwischengedanke zur Philosophie der Religion. Sie hätte dann genau dieses zu reflektieren: Religion (Glaube) als Umgang mit dem Gegebenen und dem Genommenen, Gesagten und dem Versagten, dem Erscheinenden und dem Entzogenen, dem Vorhandenen und dem Verborgenen. In dieser dialektischen Bewegung gleichsam zwischen Grund und Grenze bliebe Religion (Glaube) kritisch und, was ganz wichtig ist, selbstkritisch. Denn nichts kann gefährlicher, weil missbrauchbarer sein als Religion! Nähme sie auf diese Weise das Ergriffensein von dem un-bedingt Angehenden wahr, wäre sie kritisches Denken par excellence. Denn wirksame Kritik ist nur dann möglich, wenn dieses erkennbar ist und geltend gemacht werden kann: Erst wenn das, was ist, nicht alles ist, muss das, was ist, nicht alles sein. Es kann und muss möglicherweise anders werden, ganz anders. So läge in der Wahrnehmung von Grund und Grenze, die mit der korreliert, dass in der Erfahrung etwas nicht aus ihr selbst Stammendes liegt, eine ungebrochene und unzerbrechliche Hoffnung, mag die Existenz der derart Hoffenden noch so gebrochen sein.

Im Gegebensein wurzelt Unverfügbarkeit. Der Mensch leidet an seiner Endlichkeit, ohne in diesem Leiden ganz und gar zu versinken. Gerade im Leiden kann Hoffnung sein, wenn die Liebe bleibt - auch dort, wo Hoffnung versinkt. Dann kann niemand garantieren, dass es keine Hoffnung gibt! Inmitten von ›Furcht und Zittern‹, in Trauer und Schmerz, zumal im „Schmerz des Wissens" (F. W. J. Schelling), stellt sich eine neue Lebensbejahung ein, die die Lebensverneinung verneint, ohne sie zu verleugnen: ein Ja, das das Nein in sich hineinnimmt. Wo das Nichts ins Sein *hinein* steht, steht das Sein ins Nichts *hinaus*! Sein und Nichts bilden in gegenseitiger Bedingtheit sowohl einen Kontrast wie ein Korrelat - in der Weise, dass das Sein, so machtvoll es vom Nichts bedroht und bedrängt ist und Seiendes im Tod vernichtet wird, einen „Vorsprung" vor dem Nichts hat. Mit anderen Worten:

Das Ja kommt vor dem Nein. Wo nämlich Nichts ist, pure Verneinung und Vernichtung, könnte weder gedacht noch gewusst noch gestaltet noch gesprochen noch überhaupt gelebt werden. Schon jeder blasse Gedanke *ist*, mag er im Nu wieder versinken. Das Nichts: pure Unmöglichkeit. Das Sein: Möglichkeit, die Wirklichkeit wird. Auch wenn das Sein ohne das Nichts nicht auskommt. Wie das Leben in seinen vielerlei

Äußerungen, Stufen, Umständen, Herausforderungen und Bewährungen angewiesen bleibt auf den Tod. Denn erst der Tod als Lebensgrenze, lässt das Lebensganze wahrnehmen, macht doch er jeden Augenblick erst wertvoll. Das Unterschiedslose wäre das Wertlose. Der Tod und die Liebe - sie lassen unterscheiden. Die Liebe, auf Stetigkeit aus, erleidet die Flüchtigkeit des Augenblicks umso mehr. In seinem Vergehen aber ist der liebende Augenblick so unendlich kostbar. Gewiss, Arnold Metzger hat Recht, wenn er alles Geschehende als *„Kontinuum versinkender Augenblicke"* (S. 17 u. ö.) betrachtet. Gleichwohl liegt gerade in diesem Geschehenden Gegenwart, die Macht des Seins selbst.[39] Zumal die versinkenden Augenblicke in der Erinnerung wiederkehren. *„Der Augenblick versinkt, er dauert in der Erinnerung."* (S. 33) Gewiss. Doch wo ein Augenblick versinkt, tritt ein anderer hervor… Denn *„Wahrnehmung als mögliche Erinnerung (Erwartung und Hoffnung) ist korrelativ auf die Exzentrizität des Einen bezogen…, … assoziiert mit dem, was ‚vor jeder Erschaffung der Welt' liegt, d. h. mit dem in jedem möglichen Geschehen Wiederholbaren."* (S. 35f)

So, denke ich, kann Existenz, als menschliche, ihrer selbst innewerden: als Bruch, der heilt, auch wenn die Wunde in der Narbe sichtbar bleibt. Dabei tragen wir die meisten Wunden innen. Umso mehr: *„Wir verstehen uns in dem, was wir sind, aus dem, wohin wir verlangen."* (S. 5) Denn gerade die Erinnerung an den Schmerz ist eschatologisch: Der Schmerz soll aufhören, so schnell wie möglich! Er schreit: Wie lange noch, wie lange noch?! Ich verlange, von Schmerz gepeinigt, obwohl ich ihn - erst einmal als gegenwärtig, später als vergangen - annehmen muss wie Abraham den irren Auftrag der anonymen Gottheit, dieses in seiner bedrängenden Nähe fremde Sein möge von mir ablassen![40] Wie in Aufnahme eines weiteren Gedankens von

---

[39] Das ist auch das biblische Verständnis von „Zeit" ('et) und „Ewigkeit" (olam): „Ewigkeit" ist nicht das, was vor der „Zeit" war und nach der „Zeit" kommt, sondern der Grund der Zeit als ihr Anderes, in diesem Sinn als das „Unendliche" des „Endlichen". Mit Fragen messbarer Zeitdauer hat das nichts zu tun. Vgl. Michael Theunissen [LV 45.]. - Übrigens liegt im Hebräischen die Vergangenheit vor dem Menschen, weil er sie erinnernd „sieht", während die Zukunft hinter dem Menschen liegt. Vgl. dazu Paul Klees Bild ›Angelus Novus‹ in der Interpretation von Walter Benjamin: Über den Begriff der Geschichte, These IX (1940): *„Es gibt ein Bild von Klee, das Angelus Novus heißt. Ein Engel ist darauf dargestellt, der aussieht, als wäre er im Begriff, sich von etwas zu entfernen, worauf er starrt. Seine Augen sind aufgerissen, sein Mund steht offen und seine Flügel sind ausgespannt. Der Engel der Geschichte muss so aussehen. Er hat das Antlitz der Vergangenheit zugewendet. Wo eine Kette von Begebenheiten vor uns erscheint, da sieht er eine einzige Katastrophe, die unablässig Trümmer auf Trümmer häuft und sie ihm vor die Füße schleudert. Er möchte wohl verweilen, die Toten wecken und das Zerschlagene zusammenfügen. Aber ein Sturm weht vom Paradiese her, der sich in seinen Flügeln verfangen hat und so stark ist, dass der Engel sie nicht mehr schließen kann. Dieser Sturm treibt ihn unaufhaltsam in die Zukunft, der er den Rücken kehrt, während der Trümmerhaufen vor ihm zum Himmel wächst. Das, was wir den Fortschritt nennen, ist dieser Sturm."*
[40] Der Schmerz, so behaupte ich, ist *ein* Ursprung der Eschatologie, damit der Hoffnung. Vgl. Hans Joachim Schliep [LV 39.], S. 51-72 („…über den Schmerz"). Übrigens verlangen Hiob und

Arnold Metzger oben schon ausgesprochen: Erinnerung weckt Erwartung. Erwartung setzt auf Erfüllung. So bleibt die Angst - gleichwohl ruft sie neuen Mut zum Sein hervor, der Ungewissheit, Unsicherheit, Unwissen und radikalen Zweifel in sich aufnimmt, der zu einem Mut über dem Mut wird (Paul Tillich). Indem er diese Störungen und Verstörungen „überwindet", bringt er sie gerade nicht zum Verschwinden, sondern richtet sie aus auf ein anderes Ziel. In diesem Sinn ist - aus meiner Sicht - „*Sein ... die exzentrische Heimat des Lebens*" (S. 46)[41]

Es gibt keinen ‚Sinn', der nicht verloren werden - und keinen, der nicht wieder sich einstellen könnte, sei es auch unter dem Schein des Gegenteils. Es gibt kein Sein, das nicht aus der Fremde, aus dem Anderen (Alterität) käme und der Spannung von Heimat und Heimatlosigkeit ausgesetzt wäre. »Ich bin« heißt immer: »Ich bin im Exil. Daraus komme ich, dahinein gehe ich. Auch in mir selbst bin ich im Exil. Mein Leben ist mir verborgen. Die Identität, die mir zueigen und zuinnerst ist, ist mir unbekannt, obwohl sie mich kenntlich macht.« Es sei leichter, heißt es in einem Rabbinenwort, Israel aus dem Exil zu holen, als das Exil aus Israel. Also darf ich den Exodus nicht verpassen. Aber ich bleibe im Exodus, weil ich das Exil immer in mir trage. Gleichwohl hält mich das Exil nicht gefangen, weil ich im Exodus aufbreche. „*Wahrnehmung*" (Erinnerung) „*ist Heimatnehmen im Exil, im Fremden*" (S. 43), vom Anderen her. Wahrnehmung (Erwartung) ist Herausgehen aus dem Exil, Wohnen im eigenen Haus, ohne dass dieses ein ‚ewiger' Besitz wäre. So wahrgenommenes Sein ist niemals Sesshaftwerden im Einen und im Anderen. Sein ist gleichsam der Name für den ständigen „*Gegenzug*" (S. 52ff) in die Ferne und die Nähe. Sein ist sowohl das namen-

---

Jeremia nicht nur einmal, Gott möge von ihnen ablassen! Siehe auch Navid Kermani: Der Schrecken Gottes. Attar, Hiob und die metaphysische Revolte, München 2008.
[41] Dazu Arnold Metzger [LV 29.] S. 267f.: *„Der betend Hoffende ist der Freie. - Was in der evangelischen Freiheitsbotschaft - Freiheit als Prädikat der die Endlichkeit übersteigenden Existenz, welches Prädikat sich durch alle ihre Modifikationen und alle in der Geschichte zur Entwicklung kommenden Typen durchhält - vor sich geht, ist also dies, dass die in den transzendenten Tod hineinreichende Existenz diese Existenz auf sich nimmt und auf diesem nihilistischen Abgrunde als gemartert-sterbende der existentiale Grund der Möglichkeit der Begegnung mit dem weltübersteigenden Sein wird. Dergestalt ist das Martyrium, als die Stätte des Selbstopfers der Existenz, Stätte der Übersteigung ihrer Endlichkeit. Das ist der andere Ausdruck dafür: es gibt kein Geschehen in der Welt, das um seine Zuordnung zu dem Unendlichen weiß, als die menschliche Seele, d. i. die die Endlichkeit wissend durch-leidende Existenz. Als diese im Sterben auferstehende, aus der Gottheit neu lebende Existenz ist sie im Christlichen das Absolute, zu dem alles andere relativ ist. Im Evangelium Jesu hat, metaphysisch gesprochen, das freie, die Zeitlose wollende, autonome Subjekt, das nicht Objekt werden kann - kein solipsistisches Ego, sondern der jeder menschlichen Kreatur ... einwohnende, Welt übersteigende, in diesem Überstieg die Gemeinschaft der Menschen und der Dinge liebend erkennende Gott - seine fundamentale, nirgend sonst gegebene Gründung erhalten, und zwar dadurch, dass in ihm nichts vorausgesetzt ist als die die existierende Welt erfahrende Existenz. Die Freiheit der Existenz konstituiert sich im Wissen um ihr Existieren."*

los Verborgene, sich jeder endlichen Bestimmung entziehend, als auch das namhafte Offenbare, endliche, d. h. zugleich vorläufige Bestimmungen einfordernd. Sein ist exzentrisch, „exzentrische Positionalität" (Helmuth Plessner). Darin ist es zugleich verborgenes Leben. Wie Abraham bleiben wir *umherirrende Aramäer*, die dennoch wissen, wohin sie gehören.

Bevor ich der Frage nachgehe, warum in dieser Weise Sein exzentrisch ist, lasse ich noch einmal Gen 22 zu mir sprechen:

▷ Das Verhalten Abrahams, das sich in seiner Sohnesopferbereitschaft zeigt, ist weder philosophisch (ethisch) noch theologisch zu rechtfertigen. Denn unabhängig von dem, was jemand zu glauben meint oder meint glauben zu dürfen, zu sollen - die Tötung eines Menschen ist allemal das ganz und gar Unmögliche, das niemals möglich sein dürfte, gerade weil es immerfort geschah, geschieht. Diese Einsicht drängt sich mir in unbedingter Weise auf aus der Lektüre von Gen 22 als Absage an Menschen-, zumal Kinderopfer. Also wäre von Abraham der Gehorsam des Ungehorsams zu fordern gewesen, die Demut als Wut, als Widerstandsmut. Obwohl seine ganz andere Lage zu würdigen ist, wäre - da folge ich jüdischen Autoren wie dem Lyriker Yehuda Amichai oder dem z. Z. in München lehrenden Philosophen Omri Boehm - auch von Isaak der Gehorsam des Ungehorsams zu erwarten gewesen. Es geht niemals (mehr) an, dass ein urteilsfähiges Kind fraglos seinen Eltern gehorcht, nur weil diese ihrem Gott gehorchen. *„Wer A sagt, muss auch B sagen - aber nur, wenn A richtig ist."* (nach Bertolt Brecht: Der Jasager und der Neinsager)

Zu alledem ist mir sehr eindrücklich ein Gedicht des religionskritischen Yehuda Amichai, in dem Isaak-Jizchak in seinem alter Ego Jiwkeh-el hingemetzelt wurde:[42]

> Drei Söhne hatte Abraham, und nicht nur zwei. / Drei Söhne hatte Abraham, Jischmael, und Jizchak und Jiwkeh. / Niemand hat von Jiwkeh gehört, denn er war der Kleinste / und der Geliebte, der dargebracht wurde als Ganzopfer auf dem Berg Morija. / Den Jischmael rettete seine Mutter Hagar, den Jizchak rettete der Engel, / und den Jiwkeh rettete keiner. Als er klein war, / rief ihn sein Vater in Liebe: Jiwkeh, Jiwk, Jewk, mein Kleiner / und mein Süßer. Aber er brachte ihn als Opfer dar. / Und in der Tora steht geschrieben ›der Widder‹, aber es war Jiwkeh. / Jischmael hörte sein Lebtag nicht mehr auf Gott. / Jizchak lachte sein Lebtag nicht mehr / und Sara lachte nur einmal und nie mehr. / Drei Söhne hatte Abraham, Jischma, Jizchak, Jiwkeh. / Jischmael, Jizchak, Jiwkeh-el: / Gott wird hören, Gott wird lachen, Gott wird weinen.

---

[42] Aus Helmut Hoping [LV 20.], S. 119f. - Yehuda Amichai hieß ursprünglich Ludwig Pfeuffer (1924-2000).

▷ Kierkegaard hat eindrücklich herausgestellt, wie Abraham in seiner gleichsam schreienden ‚Schweigsamkeit' zwischen Gehorsam und Ungehorsam schon *mit* seinem Gott *gegen* seinen Gott ringt. In meiner Lesart deutet sich in Isaaks Frage an Abraham zumindest an, das Isaak mit seinem Vater - ja, vielleicht nicht *gegen*, sondern - *um* seinen Vater kämpft. Beiden steht der Verlust vor Augen: Tötete Abraham den Isaak, vernichtete er mit diesem Menschen seinen Sohn, also das ihm Verheißene, das Worumwillen seines Daseins, also sich selbst. Sofern er damit zugleich sein idealisiertes Selbstbild aufgäbe, wäre das hilfreich und notwendig, eine Katharsis. Doch wäre es ebenfalls ein ganz tiefer Einschnitt, ein Blick möglicherweise in die eigene Leere. In jeder Facette bedeutet ‚vernichten', etwas zum Nichtigen machen, also dem Nichts begegnen. Bei Isaak ist das ganz offensichtlich: Sein Tod vernichtet ihn, es bliebe, denkt man an seinen Namen, der mit „lächerlich", „es ist zum Lachen" zu tun hat, höchstens nur ein im Blick auf das Grauen völlig unangebrachtes Lachen, das im Halse stecken bleibt, dann aber wie er selbst in Asche und Rauch vergeht und verweht. In diesem Sinn sind beide, Abraham und Isaak - unangemessen theoretisch ausgedrückt - jeder für sich und auf seine Weise eine PATHISCHE EXISTENZ.

Isaak und Abraham: zwei Menschen, an denen der Widerfahrnischarakter menschlicher Existenz ebenso beispielhaft wie erschütternd wahrnehmbar wird. Widerfahrnis ist hier das unsägliche „Leid". Ebenso kann Widerfahrnis in anderer Lage die unsagbare „Liebe" sein. In beiden Varianten geht es um die totale, absolute Alterität, um ein Unendliches, das mit ‚Unendlichkeit' nur unzureichend, vorläufig umschrieben werden kann.

▷ *Hier* ist *so* zu sprechen vom Tod, dem unumkehrbaren Ende der leiblichen Manifestation eines Selbst. Mein Tod ist das unumkehrbare Ende der leiblichen Manifestation meines Selbst. Im Tod kann ich kein Selbst mehr sein. Nicht einmal erinnern kann ich mich daran. Nur Andere können meiner gedenken. Darum ist *vor* dem Tod alles das so wichtig, was in Gen 22 wahrgenommen, was gehört und gesehen werden will! Das kann, bevor es versinkt, erinnert werden. Daran kann Erwartung als Verlangen, Ausblick und Ausgriff nach vorn sich entzünden. „*Sein Gegenstand zieht es in die Ferne*" (S. 45), mithin über den Sich-Erinnernden hinaus. In der Erwartung kraft der Erinnerung sehen Menschen (Seiendes, Existierendes) weiter als sie sind. Im Fall Abrahams, der nun Isaak auf der Schlachtstätte liegen sieht, und im Fall Isaaks, der seinen Leib einer letzten Bedrohung durch die körperliche Macht des Vaters ausgesetzt erfährt, führt Wahrnehmung vom Unendlichen her zum Endlichen hin, das sich als Leibliches zeigt. Abraham, hörend, gehend, mit dem Messer in der Hand, plötzlich wieder sehend, ist ein Leib, der Seele und Geist *ist*.[43] Isaak ist ein Leib, der ebenfalls Seele und Geist *ist* - als ein dem Äußersten Ausgesetzter, in der Antizipation von Schmerz und Tod.

Der Philosoph Gernot Böhme (*1937) erinnert in seiner ›Ethik leiblicher Existenz‹ in einem längeren Abschnitt an Kierkegaards Unterscheidung von Ethik und Ästhetik:[44] In unserer derzeitigen Gesellschaft, so Böhmes These, fungiert die Ästhetik faktisch als Ethik, haben hedonistische und eudämonistische Selbstinszenierungsstrategien und Wunscherfüllungsansprüche geradezu Pflichtcharakter, ist eine ästhetische Ökonomie (kapitalistischer Provenienz) normal und normativ. Weil aber die „*Entfaltung der Begehrnisse ... zu neuen Abhängigkeiten [führt], zur Unterwerfung ..., zur Kolonisierung der Freizeit*", muss das Ethische wieder einen eigenen Stellenwert und eine eigene Grundlegung haben. Denn sonst wüssten wir nicht recht umzugehen z. B. mit ‚Demenz', in der ein Mensch sich langsam selbst vergisst und irgendwann auch dieses Sich-Selbst-Vergessen-Haben vergisst, was gleichwohl an seiner Anerkennung und Achtung ungeschmälert erheischenden Würde und seinem Selbstbestimmungsrecht keinen Deut ändert (ändern darf).[45]

„*Auch in der Konsum- und Erlebnisgesellschaft*", so Gernot Böhme, „*wird man den Ernst nicht los. Krankheit und Tod reißen einen immer wieder aus den ästhetisierten Lebensformen und machen durch die unausweichliche Betroffenheit, mit der sie einen heimsuchen, klar, dass das Spiel mit den multiplen Identitäten seine Grenzen hat. Und schließlich bewahrheitet sich Kierkegaards Lehre, dass am Boden der ästhetischen Lebensform die Verzweiflung lauert.*"

---

[43] „Ist", nicht „hat". Die biblische Auffassung von der ‚Seele' wird selbst in der christlichen Tradition unzutreffend, nämlich infiziert von der griechischen Substanzontologie anstelle der hebräischen Relationsontologie wiedergegeben. ‚Seele' / ‚näfäsch' ist abgeleitet von ‚Kehle, Gurgel', die gleichsam in radikaler menschlicher Bedürftigkeit und Begehrlichkeit die unbedingt notwendige Luft in den Körper saugt und wieder zurückgibt. ‚Seele' meint kein eigenes Organ, das dann als Entität beim Tod den menschlichen Körper verließe, sondern das Empfangen und Abgeben von Atemluft als *den* belebenden Vorgang. Folglich *hat* der Mensch keine Seele, sondern er *ist* Seele. Wie er im Sinne der Bibel keinen Leib oder Geist hat, sondern Leib und Geist ist. Leib, Seele, Geist sind Dimensionen die bzw. Perspektiven auf den Menschen als je ganzen! So haben Leib, Seele und Geist gleicherweise mit dem Glauben zu tun. Darum können die leiblichen Vorgänge des Hörens, Sehens, Sprechens, Berührens, Begehrens, darum können die Ekstase, das Denken und das Wissen *Glaube* sein! Friedrich D. E. Schleiermacher (1768-1834) sinngemäß: „*Es gibt keine Form des Bewusstseins, die nicht zugleich mit ihrer Leiblichkeit hervortreten könnte.*" Mithin wäre das „Selbstverhältnis" (Kierkegaard) das, was wir die ‚Seele des Menschen', sein ‚Wesen', seinen ‚Glauben' nennen.
[44] In der Nähe der von der französischen Phänomenologie (z. B. Maurice Merleau-Ponty [1901-1968]) beeinflussten deutschen Phänomenologen Bernhard Waldenfels und Burkhard Liebsch so Gernot Böhme [LV 4.], S. 52-59, Zitate: S. 56, 57, 119, 188, 233.
[45] Manche sagen, Demenz sei ein *gnädiges* Vergessen seiner selbst. - Zur Würde dementer Menschen vgl. Michael Coors [LV 8.], S. 34-38.

Aus der Einsicht, dass unser „*Leib die Natur ist, die wir selber sind*", entwickelt Böhme eine „Ethik leiblicher Existenz" als „*Ethik des Pathischen*", die das „*Widerfahrnis leiblichen Sichselbstgegebenseins*" phänomenologisch reflektiert. Dieser Ethik schenke ich große Beachtung. Zumal im Horizont von Gen 22 ist sie eine Ethik, die die Paradoxien, die Antinomien und Aporien der Autonomie erkennt und nach neuen Wegen zur Souveränität angesichts der Endlichkeit fragt. Als Ethik „*endlicher Freiheit*" (Paul Tillich) kann sie nur eine Ethik sein, die wahrnimmt und sieht. Allerdings fehlt mir, was auch Kierkegaard fehlen würde: das religiöse Stadium. Statt vom religiösen Stadium möchte ich von der religiösen Dimension bzw. von Transzendentalität in der Spannung von Unendlichkeit und Endlichkeit sprechen. So nehme ich nun die Frage auf: Warum ist Sein exzentrisch?

Arnold Metzger fragt genauer: „*Was ist der Grund der Möglichkeit der exzentrischen Intentionalität von Wahrnehmung?*" (S. 37) Seine Antwort: Weil von „*Leben*", das nach Kant allemal auf etwas trifft, das ihm „*'dawider ist'*", gesagt werden muss: „*Es überschreitet seine Gegenstände.*" Bis das Sein und das Nichts, bis der Tod und das Leben (Existenz, Wille, Freiheit) in dem Einen, das allem Unterschiedenen und Mannigfaltigen, das selbst dem Nichts zugrundeliegt, eine polare, paradoxe Einheit bilden. Sein und Nichtsein, Endliches und Unendliches als verbundenes Gegenüber! Dazu Arnold Metzger, auf die Denkform des »Einen«[46] bei dem Vorsokratiker Heraclitos von Ephesos (etwa 520 bis etwa 460 v. Chr.) zurückgreifend:

„*Aber er [sc. der Tod] ist nicht das Entgleiten, die Ohnmacht des Seienden, das wir sind, und der seienden Dinge angesichts seiner, was ihn zur fundamentalen Kategorie in dem Weltganzen macht. Es ist die Macht des Einen, das in der Ohnmacht der Welt, in der wir existieren, umgeht, und wir verstehen (begegnen) den Tod erst, er erscheint*

---

[46] Die Frage nach dem Einen scheint immer im Zentrum des menschlichen Lebens zu stehen! Deshalb steht unser Fragen nach GOTT niemals wirklich still. - Dazu gekürzt und leicht verändert (ohne Kenntlichmachung) Arnold Metzger [LV 29.], S. 217f: „*Von der Gottheit sagte einst Cusanus: »Sie ist überall und nirgends.« Sie ist präsent, aber nicht vorhanden. Ihre Gegenwart meint nicht objektivierte Vorhandenheit. Ihre Inhaltsleere spricht sich in der Fülle des Geschaffenen, des Veränderlichen, des Gebrechlichen und Sterblichen - theologisch: in der Fülle der Schöpfung - aus, aber so, dass ihr Sich-Aus-Sprechen der Leersprache der leeren Unendlichkeit gleichkommt. - Symbolik ist die Bewegung gegen die Verdinglichung eines in einer verdinglichten Überwelt lokalisierten Creators. Gott ist transzendente Person. Wir stehen mit ihm im Dialog als mit dem Wohin unseres inneren Daseins - mit dem Selbst, das seiner Natur inne ist aus dem, wohin es verlangt. Was wir Gott nennen, ist nicht »da draußen und da drüben«, sondern wird in der Enthüllung der im Leiden der Kreatur sich zeigenden weltgestaltenden und weltverändernden Macht des Transfiniten gesucht. Diesseits ihrer theologischen Verabsolutierung ist die göttliche Macht eine im Schmerz um unsere ausgesetzte Natur verwurzelte Macht. Das Übersinnliche (»Geist«) in uns ist unsere nach dem vereinenden Unum verlangende, von dem Schmerz ihrer Kreatürlichkeit bewegte, sich bewegende, gemeinschaftliche, transzendentale Natur - kein Abbild göttlicher Jenseitigkeit.*"

erst in unserem Leben, wenn das von seinem Entgleiten und seiner Ohnmacht Wissende eben dem Einen begegnet, d. h. sich für es, das Identische, verschwendet oder selbst opfert. Es ist die Macht des Un-endlichen, das sich in der Ohnmacht des Endlichen offenbart." (S. 199)

„Im Menschen tritt der Tod in das Licht des Wissens." (S. 200) Und: „Wahrnehmung und das Eine sind ein Korrelat." (S. 35) Dafür ist die ›Aqedat Jizchak‹ oder das ›Opfer Abrahams‹ in meiner Lesart ein Gleichnis. Es lässt mich Unbegreifliches - und auf der ethischen Ebene nie und nimmer Hinzunehmendes, geschweige denn zu Rechtfertigendes - ein Quantum besser begreifen: Abraham und Isaak *mussten* auf je ihre Weise mit dem *Tod,* der *Vernichtung,* dem *Nichts* zu tun haben, um des Seins auf dem Grunde ihrer Existenz wiederum auf je ihre Weise ansichtig zu werden! Wie gefährdet, wie gebrochen auch immer ihre Identität bleibt, ihre Quelle sind Exzentrizität und Alterität. Anders entkämen sie auch niemals der zwanghaften Reziprozität und Reproduzierbarkeit durch das Gewahrwerden der Rezeptivität und Responsivität als Ausdrucksform ihrer Personalität. „*Sterbenleben der Existenzen ist die Heimsuchung des Endlichen durch das Unendliche.*" (S. 199)

Zugleich führt mich Gen 22 zu Gott. Im Vergleich mit allen mir bekannten philosophisch-phänomenologisch-existenzanalytischen Untersuchungen und Deutungen enthält sie einen Überschuss. Dieser Überschuss, ja Mehrwert liegt in der Differenz zwischen der Gottheit (ÄLOHIM) und Gott (YHWH), gesprochen: „Mein Gott" (‚adonay'), erkenne ich: Die rein philosophische Betrachtung, so wertvoll und unverzichtbar sie mir ist, bleibt mir, weil sie Aussagen nur in allgemeinen Vernunftbegriffen machen kann, doch äußerlich. Als Person, die Leib, Seele und Geist ist, bleibe ich außen vor, so existentiell ich auch zu denken versuche. YHWH / Adonay ist ein NAME, Gott gleichsam mit personaler Qualität im verbundenen Gegenüber. Von einem philosophischen Begriff werde ich weder angesprochen noch kann ich ihn ansprechen. Einen Begriff kann ich ablehnen oder abschaffen, er trifft mehr oder weniger Richtiges und ist irgendwann überholt. Begriffsbestimmungen sind stets Bestimmungen von außen, auch die der Existenzphilosophie (z. B. Heidegger, Sartre oder die der existentialistischen Literatur des von mir hochgeschätzten Albert Camus). Aber mir ist noch kein(e) Begriff(sbestimmung) begegnet, die jene innere Transzendenz abbilden könnte, vermittels der ich ein Selbst sein kann. Doch von einem NAMEN bleibe ich angesprochen - wie angesehen vom Blick eines Kindes[47] - und in Anspruch genommen.

---

[47] ‚Die Alte Grusche' in Bertolt Brechts ‚Kaukasischem Kreidekreis' müsste vor den mordenden Revolutionstruppen fliehen und das kleine Kind der verhassten Gutsherrenfamilie einfach liegen lassen. Aber das Kind schaut sie an. Da *muss* sie das Kind behalten und bewahren. Sie

„Gott" ist, recht verstanden, kein Begriff, sondern ein NAME, der alle Personalität in sich enthält und aus sich heraussetzt. So drängt am Ende eines philosophischen Denkweges sich mir der NAME GOTT, GOTT als NAME auf.[48]

Abraham, Isaak und die Jungknechte gingen „drei" Tage zum Berg des Sehens, dessen Ort vorher niemand kannte. Jene „drei" Tage können mehr als 3 mal 24 Stunden und weniger als eine Sekunde sein, ein unendlich langer Traum und ein kurzer Augenaufschlag. Auf jeden Fall braucht es immer diese symbolischen „drei" Tage, bis ich einen solchen Ort überhaupt nur *von Ferne* zu erblicken vermag. Bis sich erfüllt, was Kierkegaard in ›Die Krankheit zum Tode‹ erhofft: „*Glaube ist, dass das Selbst, indem es selbst ist und selbst sein will, sich durchsichtig gründet in Gott.*"[49] Da, wer sich *durchsichtig gründet in Gott*, einen anderen Blick für Welt und Leben gewinnt, statt auf der Suche nach sich selbst wie nach einer schwarzen Katze im schwarzen Raum sich selbst zu verfehlen, haben wir es mit dem *„Sprung"* zu tun, der nach Kierkegaard der Glaube ist. Dieser *„Sprung"* ist kein einmaliger Akt, er muss sich wiederholen und will Wiederholung sein: ein durch und durch dynamisches Geschehen, sich ereignend. Glaube ist kein Sein, sondern ein Werden (Martin Luther). Glauben heißt, die Unbegreiflichkeit Gottes ein Leben lang auszuhalten. Im ständig sich ereignenden *„Sprung"* gilt das Wort in 1. Johannes 3,2: *...es ist noch nicht erschienen, was wir sein werden.*

Bis *erscheint, was wir sein werden*, habe ich mehr Fragen als Antworten, frage allerdings nur, von wem ich Antwort erwarten darf. Wie auch Peter Huchel in seinem Gedicht DU NAME GOTT[50] dorthin fragt, woher allein eine Antwort kommen kann:

---

*kann* das Kind *unmöglich* dem sicheren Tod preisgeben, anders nämlich verlöre sie ihr Leben, bevor sie stirbt. Denn das Kind hat sie angesehen - und sie hat das Kind gesehen! ‚Die Alte Grusche' ist ergriffen von dem, was sie un-bedingt angeht! Eine Kontrast- oder eine Konvergenz-Geschichte zu Gen 22? - Hingewiesen sei auch auf das Gedicht von Jossif Brodsky: Isaak und Abraham, in: Arnfried Astel (Hg.): Lyrische Hefte 26, Köln 1966, S. 9-23, und den Song von Leonard Cohen: Story of Isaac, CD Folk 1969.

[48] Damit versuche ich, das Wort GOTT - gleichsam als eigene Wortart aus nur diesem einen Wort - zu verstehen, das steht für Grund und Grenze der Seinserfahrung, die an ihren Bruchlinien im Lebensfördernden wie im Lebensgefährdenden über mich selbst hinaus auf die unendlich komplexe, differenzierte und kontingente Wirklichkeit von Welt und Leben weist. So verdichtet sich im Namen GOTT weder eine innerweltliche Gegeben- und Vorhandenheit, sondern die sich in unserem Leben zeigende Vernunft, Freiheit, Würde und Liebe, die ebenfalls weder innerweltlich gegeben noch außerweltlich vorhanden und Ausdrücke sind, die unsere (kontingenten) Erfahrungen und unseren Willen und Mut zum Sein zur Sprache bringen, also auch "reflektieren" und lebendig halten. Vgl. Thomas Rentsch [Lit. 35.], S. 285.

[49] TRE, S. 144.

[50] Aus Peter Huchel: Die Gedichte, st 2665, Frankfurt/M. 1997, S. 265.

Du Name Gott, wie kann ich dich begreifen?
Du schweigst bewölkt. Du bist. Wir aber werden
nicht Frucht aus deinem Wort. O regne Licht
in uns! Wir blühen wohl in deinem Reifen,
dann aber welken wir, noch in Gebärden,
denn mystisch dunkelt uns dein Angesicht.

Bist du denn wirklich hinter deinem Namen?
Oder nur Bild, das wir uns zärtlich malen
aus unsrer Tiefe? Sind nicht alle Stufen
der Erlösung Taten nur aus unserm Samen?
O du zerbrachst uns, Herbst an unsern Schalen,
wir aber säten, was wir irdisch schufen.

Wann reift dein Sommer blond in unsern Feldern?
Wir starben oft umsonst. Wirst du uns mähen,
mein Gott? O sense sanft! Denn eine müde
Septemberwiese sind wir, an den Wäldern
des Herbstes welkend... Wirst du auferstehen
tief in uns? O Versöhnung: Bruder: Friede!

Literaturverzeichnis (i. A.):

01. Erich **A**uerbach: Die Narbe des Odysseus, in: ders.: Mimesis. Dargestellte Wirklichkeit in der abendländischen Literatur, Tübingen / Basel 2001[10], S. 5-27
02. BIBLIA HEBRAICA [STUTTGARTENSIA - TEXTUM MASORETICUM], Stuttgart 1997
03. Omri **B**oehm: Theologie des Ungehorsams. Was ist die Grundlage des Staates Israel? in: DIE ZEIT v. 21.11.2013, S. 46
04. Gernot **B**öhme: Ethik leiblicher Existenz. Über unseren moralischen Umgang mit der eigenen Natur, stw 1880, Frankfurt/M. 2008, S. 52-58
05. Martin **B**uber: Abraham der Seher, in: Martin Buber: Werke 2, München 1964, S. 871-893
06. Martin **B**uber / Franz Rosenzweig: Die fünf Bücher der Weisung, Heidelberg 1976[9], S. 57-60
07. Martin **B**uber (Hg.): Die Erzählungen der Chassidim, Zürich 1949
08. Michael **C**oors: A dementalized body? Reconsidering the human condition in the light of dementia, in: Geriatric Metal Health Care 1 (2013), S. 34-38
09. Anja Angela **D**iesel: »Ich bin Jahwe« - Der Aufstieg der Ich-bin-Jahwe-Aussage zum Schlüsselwort des alttestamentlichen Monotheismus, Neukirchen-Vluyn 2006
10. Jürgen **E**bach: *Theo*dizee: Fragen gegen die Antworten. Anmerkungen zur biblischen Erzählung von der ›Bindung Isaaks‹, in: ders.: Gott im Wort. Drei Studien zur biblischen Exegese und Hermeneutik, Neukirchen-Vluyn 1997, S. 1-26
11. Jürgen **E**bach: Beredtes Schweigen. Exegetisch-literarische Beobachtungen zu einer Kommunikationsform in biblischen Texten, Gütersloh 2014
12. Irmtraut **F**ischer: Die Erzeltern Israels. Feministisch-theologische Studien zur Genesis 12 bis 36, Berlin 1994
13. Stefan **G**athmann: »Klippenabsturz zu Gott« - Gen 22,1-19. Sprachwissenschaftliche Notizen, St. Ottilien 2002
14. Wilhelm **G**esenius: HEBRÄISCHES UND ARAMÄISCHES HANDWÖRTERBUCH, Berlin u. a. 1962[17]
15. Roland **G**radwohl: Die Bindung Isaaks - Gen 22,1-13, in: ders.: Bibelauslegungen aus jüdischen Quellen I, Stuttgart 1986, S. 75-87
16. Christof **H**ardmeier: Realitätssinn und Gottesbezug. Geschichtstheologische und erkenntnisanthropologische Studien zu Gen 22 und Jeremia 2 bis 6, Neukirche-Vluyn 2006, S. 1-88
17. Friedhelm **H**artenstein: Die Verborgenheit des rettenden Gottes. Exegetische und theologische Bemerkungen zu Genesis 22, in: Johann A. Steiger et. al. (Hg.): Isaaks Opferung (Gen 22) in den Konfessionen und Medien der Frühen Neuzeit, Berlin 2006, S. 1-22
18. Abraham Joshua **H**eschel: Gott sucht den Menschen. Eine Philosophie des Judentums, Neukirchen-Vluyn 1980
19. Abraham Joshua **H**eschel: Die ungesicherte Freiheit. Essays zur menschlichen Existenz, Neukirchen-Vluyn 1985
20. Helmut **H**oping / Julia Knop / Thomas Böhm (Hg.): Die Bindung Isaaks. Stimme, Schrift, Bild, Paderborn u. a. 2009, darin u. a.:
    - S. 9-59: Bernd Willmes: Die Prüfung Abrahams nach Gen 22,1-19
    - S. 225-238: Erwin Dirscherl: Die Bindung Isaaks aus der Sicht von Emmanuel Lévinas
    - S. 239-256: Johannes Hoff: Das Paradox des Glaubens und der Holzweg moderner Entscheidungslogik. Kierkegaards Lektüre von Gen 22 und ihre Wirkungsgeschichte von Heidegger bis Derrida und darüber hinaus
21. Klaas **H**uizing: Homo legens. Vom Ursprung der Theologie im Lesen, Berlin 1996
22. Benno **J**acob: Die Akeda, in: Der Morgen 3, Nr. 2 / 1927, S. 149-159
23. Benno **J**acob: Das Erste Buch der Tora. Genesis, Berlin 1934
24. Søren **K**ierkegaard: Furcht und Zittern. Dialektisch Lyrik von Johannes de Silentio, hg. v. Liselotte Richter, Hamburg 1955

25. Leszek **K**olakowski: Der Himmelsschlüssel. Erbauliche Geschichten, München 1965
26. Michael **K**rupp: Den Sohn opfern? Die Isaak-Überlieferung bei Juden, Christen und Muslimen. Mit einem Vorwort von Emil L. Fackenheim, Gütersloh 1995
27. Michael **K**rupp: Der Talmud. Eine Einführung in die Grundschrift des Judentums mit ausgewählten Texten, Gütersloh 1995 (zu Gen 22 s. S. 157-164)
28. Emmanuel **L**évinas: Zur Lebendigkeit Kierkegaards, in: Emmanuel Lévinas: Außer sich. Meditationen über Religion und Philosophie, München / Wien 1991, S. 74-78
29. Arnold **M**etzger: Freiheit und Tod, Tübingen 1955
30. Arnold Metzger: Dämonie und Transzendenz, Pfullingen 1964
31. Arnold **M**etzger: Existentialismus und Sozialismus, Pfullingen 1968
32. Michael **N**iehaus / Wim Peeters (Hg.): Mythos Abraham. Texte von der Genesis bis Franz Kafka, Reclam 20180, Stuttgart 2009
33. W. Gunter **P**laut (Hg.): Die TORA in jüdischer Auslegung - Bd. 1: Bereschit. Genesis, utorisierte Übersetzung und Bearbeitung von Annette Böckler, Einführung von Landesrabbiner Prof. Dr. Walter Homolka, Gütersloh 1999 (Die Akedah - Gen 22,1-24: S. 212-222 [mit Erläuterungen und Talmud-Texten])
34. Gerhard von **R**ad: Das Opfer des Abraham. Mit Bildern von Rembrandt und Texten von Luther, Kierkegaard und Kolakowski, München 1976
35. Thomas **R**entsch: Transzendenz und Negativität. Religionsphilosophische und ästhetische Studien, Berlin / New York 2011
36. Hartmut **R**osenau: Die Erzählung von Abrahams Opfer (Gen 22) und ihre Deutung bei Kant, Kierkegaard und Schelling, NZSystTh 27 / 1985, S. 251-261
37. Franz **R**osenzweig: Der Stern der Erlösung. Mit einer Einführung von Reinhold Mayer und einer Gedenkrede von Gershom Scholem, Bibliothek Suhrkamp, Frankfurt/M. 1988
38. Nelly **S**achs: Fahrt ins Staublose, Frankfurt/M. 1998
39. Hans Joachim **S**chliep: Auf Messers Schneide. Predigt zu 1. Mose 22,1-13, in: ders.: Was uns unbedingt angeht - Kronsberger Predigten 1, Saarbrücken 2012, S. 32-35
40. Horst **S**eebass: Genesis II, Neukirchen-Vluyn 1997 (z. St. s. S. 197-216)
41. Wolfgang **S**tegmüller: Metaphysik-Skepsis-Wissenschaft, Berlin / New York 1969
42. Wolfgang **S**tegmüller: Glauben, Wissen und Erkennen / Das Universalienproblem einst und jetzt, wbg-Sonderausgabe, Darmstadt 1974
43. Johann Anselm **S**teiger: Zu Gott gegen Gott. Oder: Die Kunst, gegen Gott zu glauben. Isaaks Opferung (Gen 22) bei Luther, im Luthertum der Barockzeit, in der Epoche der Aufklärung und im 19. Jahrhundert, in: Johann A. Steiger / Ulrich Heinen (Hg.): Isaaks Opferung (Gen 22) in den Konfessionen und Medien der Frühen Neuzeit, Berlin/New York 2006, S. 185-238
44. Georg **S**teins: Die »Bindung Isaaks« im Kanon (Gen 22). Grundlegung und Programm einer kanonisch-intertextuellen Lektüre, Freiburg u. a. 1999
45. Michael **T**heunissen: Negative Theologie der Zeit, Frankfurt/M. 1991
46. Christiane **T**ietz: Freiheit zu sich selbst. Entfaltung eines christlichen Begriffs von Selbstannahme, Göttingen 2005 (zu S. Kierkegaard: S. 27-123)
47. Paul **T**illich: Der Mut zum Sein (dt. 1950; engl. ‚The Courage To Be'), in: Tillich-Auswahl 2: Die Zweideutigkeit des Lebens, Gütersloh 1980
48. Peter **T**schugnall: Das Abraham-Opfer als Glaubensparadox. Bibeltheologischer Befund - Literarische Rezeption - Kierkegaards Deutung, Frankfurt/M. u. a. 1990
49. Claus **W**estermann: Genesis - 2. Teilband: Gen 12-36, BiblKommAT I / 2, Neukirchen-Vluyn 1981 (z. St. s. S. 429-451)
50. Elie **W**iesel: Die Opferung Isaaks: Geschichte des Überlebenden, in: ders.: Adam oder das Geheimnis des Anfangs. Brüderliche Urgestalten, Freiburg u. a. $1980^2$, S. 75-105
51. Ina **W**illi-Plein: Die Versuchung steht am Schluss. Inhalt und Ziel der Versuchung Abrahams nach der Erzählung in Gen 22, ThZ 48 / 1992, S. 100-108

Printed by Books on Demand GmbH, Norderstedt / Germany